中等职业教育一体化教学改革教材

企业生产实习指导

梁东晓　李成延　田大伟　李广江　张金兰　编著

机 械 工 业 出 版 社

本书是中等职业教育一体化教学改革教材，采用“工学结合、校企合作”的新模式，具有内容新颖、实用性、科学性、系统性强等特点。本书主要内容包括：企业生产实习与校企合作管理、企业概述、企业生产及特点、企业安全生产教育、综合职业能力培养及如何成为合格的企业员工。本书通过丰富的教学案例，生动地介绍了参加企业生产实习需要掌握的基础知识、职业技能和职业素养。每章后附有能力训练题，书后配有试题答案。

本书适合于中等职业学校和技工院校的师生使用。

图书在版编目（CIP）数据

企业生产实习指导/梁东晓等编著．—北京：机械工业出版社，2012.4
中等职业教育一体化教学改革教材
ISBN 978-7-111-37986-7

Ⅰ.①企…　Ⅱ.①梁…　Ⅲ.①生产实习—中等专业学校—教材
Ⅳ.①G424.4

中国版本图书馆CIP数据核字（2012）第064723号

机械工业出版社（北京市百万庄大街22号　邮政编码100037）
策划编辑：荆宏智　王晓洁　责任编辑：荆宏智　王晓洁　宋亚东
版式设计：霍永明　责任校对：张　薇
封面设计：路恩中　责任印制：杨　曦
高等教育出版社印刷厂印刷
2012年5月第1版第1次印刷
184mm×260mm·7印张·167千字
0001-3000册
标准书号：ISBN 978-7-111-37986-7
定价：16.00元

凡购本书，如有缺页、倒页、脱页，由本社发行部调换
电话服务　网络服务
社服务中心：(010)88361066　门户网：http://www.cmpbook.com
销售一部：(010)68326294
销售二部：(010)88379649　教材网：http://www.cmpedu.com
读者购书热线：(010)88379203

序

近几年，国家大力发展职业教育，在借鉴和总结国内外职业教育课程开发理念和实践案例的基础上，积极推行职业教育课程改革，以改变传统的学科型课程模式和传授式教学方法，开发符合职业成长规律的新的课程体系，推动职业教育教学改革向纵深发展，满足经济发展对技能型人才的需要。

根据教育部、人力资源和社会保障部教学改革的精神，各个职业学校的职业教育教学改革开展得如火如荼，相继出现了模块式、项目导向式、任务驱动式、基于工作过程等教学模式，但实质都是理论和实践相结合的一体化教学模式。

抓好一体化教学的课程体系改革，就能使职业学校培养的学生进入工作岗位后比较顺利地完成角色转换，快速适应岗位工作要求，从而从根本上提高职业学校的教学质量和人才培养质量。

为适应这一形势的需要，我们在了解相关企业专家、人力资源管理者对技能人才要求的基础上，吸纳部分学校教学改革的成果，组织有多年教学改革实践经验的职业学校的骨干教师，编写了这套《中等职业教育一体化教学改革教材》，供中等职业学校教学使用。

本套教材具有以下特色：

1. 突出了职业教育的“职业性”

课程体系的构建以《国家职业技能标准》为依据，以综合职业能力培养为目标，并围绕职业活动中每项工作任务的技能和知识点，突出实用性和针对性，力求使教材内容涵盖有关国家职业标准的知识和技能要求。

2. 课程设置适应“工学结合”模式

为适应“工学结合、校企合作”的新模式，我们在征求了相关企业意见的基础上，设置了《企业生产实习指导》、《现代企业班组管理基础》，在设计课题时考虑了其实用性，以实现能力培养与工作岗位对接合一、实习实训与顶岗工作学做合一。

3. 围绕课程内容构建教学单元模块

教材吸收和借鉴了各地教学改革的成功经验，围绕专业培养目标和课程内容，构建知识、技能紧密关联的教学单元模块，使教材内容更加符合学生的认知规律，以激发学生的学习兴趣。

4. 实现理论教学与技能教学一体化

模块中的每个课题都有明确的训练目标，并针对各自的目标整合相应的理论和技能内容，以实现理论教学与技能教学一体化。在每个课题后还设置了相应的思考题，以检验学生对相关知识与技能的掌握情况。

5. 图文并茂，提高了教材的可读性

教材内容力求图文并茂，将各个知识点和技能要点以实物和图片的形式展示出来，从而提高了教材的可读性和亲和力。

实施一体化的教学课程体系改革是个长远而艰巨的任务，目前全国一体化教学改革尚处在起步阶段，本套教材的编写只是部分学校在这方面初步探索的成果总结，我们衷心希望这套教材的出版能在一体化教学改革中发挥积极作用，并得到各职业学校师生的喜爱，同时也希望通过学校师生的实践不断得到改进、完善和提高。在此诚恳希望从事职业教育的专家和广大读者不吝赐教，提出批评指正意见。

机械工业出版社

前言

《国务院关于大力发展职业教育的决定》指出：要“大力推行工学结合、校企合作的培养模式”、“中等职业学校在校学生最后一年要到企业等用人单位顶岗实习”。为了培养中等职业学校学生的专业知识，提升个人职业修养，强化职业技能，更好地将理论知识与实践操作相结合，安排他们到生产服务一线参加顶岗实习，是最有效、直接而且高质的一种创新型教学手段。在这种背景和形势下，我们根据目前中等职业学校学生的实际情况和企业生产岗位对人才的需求，特编写了本书。本书在编写内容上突出学校教学与企业岗位紧密结合的特点，力求提供一本既符合岗位需求，又适合学生学习的教学用书。

为了突出“工学结合、校企合作”的教学模式，本书通过理论知识和具体案例相结合的形式，实现了能力培养与工作岗位的对接，真正实现了实习实训与顶岗工作学做合一。让学生更好地适应社会、适应企业、适应岗位，大大加深对企业的认识，提高职业岗位技能和企业生产安全意识，弥补教学与岗位的脱节问题。

本书运用丰富的图片、表格和案例，更直观、更清晰、更准确地让学生了解相关专业知识、企业设备及产品。同时，在每章结尾附有能力训练，书后配有试题答案，强化了知识点，体现了理论与实践相结合的一体化教学模式。

本书由梁东晓、李成延、田大伟、李广江、张金兰编著。

由于我们水平有限，教材中难免存在不足之处，诚恳希望广大读者批评指正。

编　者

目　　录

第一章

企业生产实习与校企合作管理

学习目标

1. 认识企业生产实习的目的和意义
2. 了解企业生产实习的特点

在企业生产实习中掌握专业知识
在企业生产实习中提高专业技能

中等职业教育是职业技术教育的一部分，包括普通中等专业学校、技工学校、职业中学教育及各种短期职业培训（以培训中级技术人员及技术工人为目标）等。它为社会输出大批初、中级技术人员及技术工人，在整个教育体系中处于十分重要的位置。

《国家中长期教育改革和发展规划纲要（2010—2020 年）》指出：发展职业教育是推动经济发展、促进就业、改善民生、解决“三农”问题的重要途径，是缓解劳动力供求结构矛盾的关键环节，必须摆在更加突出的位置。职业教育要面向人人、面向社会，着力培养学生的职业道德、职业技能和就业创业能力。到 2020 年，形成适应发展方式转变和经济结构调整要求、体现终身教育理念、中等和高等职业教育协调发展的现代职业教育体系，满足人民群众接受职业教育的需求，满足经济社会对高素质劳动者和技能型人才的需要。

有关资料显示，目前我国城镇劳动者约为 3 亿人，其中技能型劳动者总量约为 1 亿人，占 1/3，而发达国家的这一比例为 1/2。目前我国有 1.5 亿左右的农民工进城，他们大部分没有经过职业教育与培训，素质亟待提高。另外，我国每年还有 600 万的农村初中毕业生不能接受普通高中教育，如果他们直接进入就业岗位将极大地降低劳动者的素质水平。

第一节　企业生产实习的目的和意义

《国务院关于大力发展职业教育的决定》指出：要“大力推行工学结合、校企合作的培养模式”，“中等职业学校在校学生最后一年要到企业等用人单位顶岗实习”。根据培养目标和教学计划，中等职业学校三年制学生在第三学年和四年制学生在第四学年要到生产服务一线参加顶岗实习。

企业生产实习活动是职业学校教学工作中的重要环节，是中职学生学习生活的最后阶段，也是职业生涯的开始。俗话说：“良好的开端，成功的一半。”只有明确企业实习的目的，了解企业生产实习的重要意义，一个合格的中职学生才能以企业“准员工”的身份，通过企业生产实习，最终成为企业的合格员工直至优秀员工。

一、企业生产实习的目的

企业生产实习是中职学生必须进行的主要生产实践环节之一，是培养学生实际操作能力，检验专业知识，提高自身综合素质的一个重要组成部分。作为一名中职学生，如果将来从事机械加工或机械维修工作，应尽早地参加社会生产实践，了解企业生产过程，提高自己的动手能力，强化个人素质，增强理论联系实际的观念，强化就业导向，为将来的职业生涯打下良好的基础。

二、企业生产实习的意义

1. 实现理论联系实际

中职学生参加企业生产实习就是把专业理论运用于生产实际的过程。在企业生产实习中，一般会选择与学生所学专业（工种）对口的企业进行生产实习，使他们在学校所学的专业知识及基本技能得以学以致用。只有在工作实践中才能不断地发现问题和解决问题，从而丰富理论知识，锻炼动手能力，进一步提高专业水平。将学生在校期间学到的基础理论、基本知识、基本技能，以及专业知识和经受的专业技能训练，通过企业生产实习，进行深入的融合和固化，并形成在本专业领域内具有一定特长的职业技能。

2. 认识社会及适应社会

通过生产性顶岗实习和企业提供的“窗口”接触企业、了解企业，进而去感受社会，有利于学生与企业和社会的对接。使学生逐步认识社会，适应社会，学会与人和谐相处，并锻炼和培养他们的爱岗敬业、诚实守信、严谨求实、敢于创新的职业精神和职业素养。企业生产实习可以培养学生的劳动意识，促进学生自身发展，使学生初步接触社会，接触生产劳动，培养适应环境的能力、吃苦耐劳的品质，为今后走上工作岗位打下良好的基础，缩短工作适应期。在与员工的交往中，培养与人相处、待人接物的能力。

3. 体验真实的生产环境

学生通过在本专业内的对应岗位上生产性顶岗实习，可扩展和深化其专业知识，提高专业技能，积累实际工作经验，就业时基本上做到“零距离接轨”。

例如，数控专业的中职学生通过生产性顶岗实习，在真实的生产实践背景下，通过在数控机床和加工中心的编程、调试、加工、装配，工艺规程拟订，设备维护，故障排除，营销，零件机械加工、装配，部件、整机的质量检验等不同岗位上受到实际训练，提高这些方面的能力和技能，使他们的综合素质得到质的提高，毕业后能较好地适应工作的需要。

4. 培养良好的责任感

在任何一家用人单位，爱岗敬业都是对员工素质的基本要求。作为一名中职毕业生，大多从事一线工作，都要从基层做起，这是中职生的必经之路。每一个岗位都有它特有的作用，干一行，爱一行，专一行，是一种岗位责任，是一种职业品质，用人单位很注重这种品质。要提高岗位责任感，就必须到生产一线兢兢业业、脚踏实地地工作，只有这样，才能磨炼和增强自身的岗位责任感，这是现代社会对中职学生的基本要求。

5. 养成严肃认真的工作态度

在一个管理严谨的企业里，对工作严肃认真是企业生产经营者对员工职业素养的必然要求。企业的每项工作都要靠员工去完成，在完成的过程中，不能敷衍了事，马马虎虎特别是在工业性企业里，生产制造每个机器零件的“公差配合”都必须科学严谨，不能出现丝毫的纰漏，否则生产的工件就是一件废品。而由于不用心而造成废品，就是在浪费人力、物力和财力。因此，在企业实习中，要从基层做起，从小事做起，认真做好每件事，这是应有的职业品质和职业素质。只有具备了这种职业素质的员工，才能得到企业认同，得到企业尊重，才有发展机会。

6. 培养诚实、守时的品质

诚实，是企业用人的第一尺度，俗话说：“要想做事，必先做人”，只有做“好”人，才能做好事。做人不实，做事就不会实。用人单位在聘用员工时，首先强调的就是做人的品质。

守时，就是自觉遵守企业或公司的规章制度。制度是企业生产经营的尺度，员工必须按照这个尺度来规范自己的言行。企业内部的制度可分为生产制度、生活制度和工艺制度，这些制度的制订都是为了顺应市场要求而演变催生出来的，能促进企业管理规范化、科学化和制度化。如果一个企业有制度，而无人遵守，那么这个企业必将走向衰亡。这是企业生存的必然规律，而企业想要在激烈的市场竞争中生存和发展，让员工守时和诚信是必不可少的。因此，中职学生为了在毕业后顺利走入社会，进入生产一线，就要懂得诚信、守时是多么的重要，否则就会被企业淘汰。

7. 学习企业文化

企业文化是一个企业的灵魂，它昭示着一个企业的精神、理念、价值观、思维方式、行为规范、产品形象等。不同的企业有不同的文化，通过对企业文化的学习，可以认识该企业在生产、经营、管理等各方面的特点，这是一个员工必须具备的素质。有了这种素质，员工工作的自觉性和工作质量就会大大提高。其次，它有利于增强中职学生对所任职企业的文化认同感。文化认同是对一种文化的主动、积极的认可。对企业文化的认同很重要，它对中职毕业生实现由青年学生向企业员工的角色转变、胜任本职工作和对企业文化建设作贡献都有重要作用。第一，有了这种文化认同感，学生就能根据企业文化的要求，自觉、主动地对自己的行为、思维方式等进行调整，使自己尽快地融入新的组织中，适应新环境的要求。第二，学生进入企业后，首先要求能胜任本职工作，而要胜任本职工作不仅要有专业知识和能力上的准备，还要有对实习企业的文化有必要的认识和认同；只有这样，才能在新环境中找准自己的位置，进而施展自己的才能，并使自己的工作符合企业的要求。第三，进入企业的学生和其他员工一样，有为企业文化建设作贡献的责任；但是，对企业文化没有深刻的了解和认识，就无法在企业文化建设中发挥自己应有的作用，自然也谈不上为企业文化建设作贡献。

第二节　企业生产实习的工学结合特点

工学结合是一种将学习与工作相结合的培养教育模式，其形式多种多样，时间为半年或者一年，工作与学习交替进行的；也有一个星期几天学习几天工作的；也有半天学习半天工作的等。无论是什么形式，它们的共同点是学生在校期间不仅学习而且工作，也就是半工半读。这里的工作不是模拟的工作，而是与普通员工一样的有报酬的工作。学生的工作作为学校专业培养计划的一部分，除了接受企业的常规管理外，学校还有严格的过程管理和考核，并给予相应学分。

工学结合的主体包括学生、企业、学校。它以职业为导向，充分利用学校内、外不同的教育环境和资源，把以课堂教学为主的学校教育和直接获取实际经验的校外工作有机结合，贯穿于学生的培养过程之中。在这一过程中，学生在校内以受教育者的身份，根据专业教学的要求参与各种以理论知识为主要内容的学习活动，在校外则根据市场的需求以“职业人”的身份参加与所学专业相关联的实际工作。这种教育模式的主要目的是提高学生的综合素质和就业竞争能力，同时提高学校教育对社会需求的适应能力。

一、工学结合的意义

1）工学结合体现了“以人为本，全面发展”的教育理念，体现了“以服务为宗旨，以就业为导向”的职业教育指导思想。工学结合的人才培养模式遵循了学生的认知规律，有利于学生深入理解书本知识，掌握实践技术，形成劳动技能。从认识论的角度讲，知识、技能的学习和掌握过程，是从感性认识到理性认识，再由理性认识到实践的过程，往复循环，不断提高的过程。实行工学结合，学生既能学习理论，又能在专业知识的指导和技术师傅的启发、指点下，通过自身有意识的实际操作，更容易掌握技术要领，增长技能。

2）工学结合作为一种人才培养模式，体现了职业教育新的价值取向，即由封闭的学校教育走向开放的社会教育；从单一的学校课堂走向实际的职业岗位；从学科学历本位转向职

业能力本位；从理论学习为主转向实践过程为主。

3）工学结合作为一种定单式人才培训模式，为职业学校前瞻性发展提供了第一手宝贵的专业设置依据。职业学校与企业唇齿相依，学校想拥有蓬勃发展的生机，必须与时俱进，与企业发展同步。企业总是站在先进生产力的前沿，市场新产品的出现千变万化，一项新技术、新工艺的问世，一种新产品的诞生，往往就孕育着一种新职业、新专业，这就给职业学校带来了更多的发展机遇。从这个意义上说，工学结合将与职业学校发展与技术推广、技术开发紧密地结合起来，为职业学校的发展注入旺盛的生命力。

4）有利于对学生进行全面培养，加速学生的成长。环境对人才的培养具有重要的意义，校园为学生创造了良好的读书环境。而社会环境与校园的环境有很大的不同，因此，让学生提早进入社会，了解、熟悉并逐渐适应社会环境，这对学生的培养是很重要的，对学生未来的择业和社会的用人都是有利的。

二、工学结合的各种角色

1. 学校与企业

学校主要是开展教育教学工作的教育组织，它首先要把人才的培养质量放在第一位，关注教育的社会效益，具体表现为学校培养的人才能被社会所接受；而企业主要是进行生产经营的经济组织，它首先要把产品或服务的质量放在第一位，注重的是经济效益的最大化，但企业的发展又必须以各类人才为支撑。

企业虽然不是人才培养的教育组织，但企业的发展却需要各类技能型人才。企业需要职业学校为其发展培养各类技能型人才，然而仅仅依靠职业学校培养出的学生又不能完全满足企业的要求，所以同样需要企业与之合作来共同完成。因此，可以说，在技能型人才的培养与需求上，职业学校与企业有着一种天然的联系。

2. 实训指导教师

在“工学结合、半工半读”的职教模式下，实训指导教师——学校的教师、企业的工程技术人员及工人师傅是学生实习实训的管理者，实践技能的辅导者，学校、企业、家长的联络者，学生就业、创业的引导者，学生合法权益的维护者，学习实践的评价者。他们在学生的实训实习中，发挥着不同角色的作用，有效地提高了学生的专业技能水平及就业和创业能力。

学校教师应当是“双师型”，要具备三个方面的能力和水平：一是具备扎实的理论知识和较高的教学水平；二是具有很强的专业实践能力和丰富的实践经验；三是具有一定的应变能力、较厚实的一专多能的知识和技能储备及较高的职业道德。

一个优秀的企业培训人员，除了本身应具备较高的水平之外，还需要知道如何将自己所掌握的知识和技能传授给学生。企业应选择工作经验丰富、责任心强、专业知识扎实、操作水平和表达能力较强的优秀员工，并经过系统培训，担任指导教师。

3. 学生

从技能型人才培养的目标上看，学校和企业应该为学生主体进行“工学结合”，以形成职业技术技能服务。所以，无论是观念上的，还是实践上的“工学结合”过程中的主体，都是“中职学生”，结合的岗位都是“工作岗位”，结合的工作都是“岗位工作”，结合的过程都是“工作过程”，结合的功效都是使学生形成“职业能力”，结合的目的都是为了学生毕业后从事“职业工作”，为“就业”做好职业综合素质准备。

企业不能把学生作为全职性的“生产者”主体，因为其身份仍然是“学生”，只是学生主体在“工学结合”过程中的这种“学习”，是一种与自己的专业相关联的，以岗位工作为内容的“工作性学习”，是承载着一定工作任务的，具有真正的工作性质的实训或实习。学生虽然不是企业的全职性“生产者”主体，然而作为“工学结合”过程中的主体进入企业的生产、经营之中，又必须遵守企业的规章制度和工作岗位的职责要求，并依据生产的技术标准进行顶岗实习。所以，这种“岗位”又是一种“学习性的工作型”的顶岗，这就使学生又具有了一定的工作者的身份。“工学结合”使学生具有学生和工作者的双重身份，担负着学习和工作的双重任务。

第三节　企业生产实习的校企合作管理

以就业为导向，培养应用型技能人才是职业学校的主要职能，服务企业和社会是职业学校办学的宗旨。市场需求是技工教育发展的动力，校企合作是职业教育与企业共同发展的必然选择。首先，校企合作是培养技能人才的根本途径。校企合作能够最大限度地满足企业对技能人才知识结构和技能水平培养的要求，成为校企合作的客观基础。其次，校企合作符合人才成长规律和教育规律。校企合作使学生的理论知识与实践紧密结合，缩短了技能人才成长的周期，奠定了校企合作、工学结合的基础。再次，校企合作可以满足供需双方的利益要求。企业需要优秀的技能人才，学校需要合适的就业岗位满足学生的就业愿望。在合作中企业又以便捷的方式获取了优秀技能人才，占有了优良的人力资源，增强了企业的生产能力和竞争实力；学校则通过合作更快地完成人才培养任务。校企合作达到了供给与需求、培养与就业的统一，供需双方的利益要求形成了合作的基础。

中职学生进入生产实习阶段，就意味着即将开始职业生活。而建立稳固的实习基地，可以为学生创造职业成长的环境。通过校企合作交流，让企业文化教育与学校职业思想意识教育相互渗透相互补充，可加快对学生的职业意识教育。实践证明，通过校企合作对学生进行职业意识教育，是学生突破职业意识零点的“杀手锏”。

一、校企合作人才培养模式的构成要素

1. 培养目标

校企合作人才培养模式的总体培养目标是以社会为导向满足社会经济需求，培养具备良好的职业理想、职业道德的数以千万计的高技能人才和数以亿计的高素质劳动者。具体目标是培养符合企业、行业和社会需求的，具有较强实践能力和理论素养的技能型人才，必须使接受教育者能够独立自主地计划、运行和控制自己的工作任务。

2. 培养内容

培养内容是对“知识—技能—态度”进行整合，培养学生的综合职业能力。在专业设置、教学计划、教学大纲、课程设置、教材编写等方面进行职业教育与生产的结合，使培训内容具有针对性和适应性，既能服务当前职业需要，又能满足终身学习的要求。包括培养从事职业活动的基本素质和从业能力、适应岗位的专业能力、处理人际关系的能力、解决问题的能力、心理承受能力、组织管理能力和发展创新能力等。

3. 培养方法

培养方法是以实践过程为导向，按工学交替或工学并进型的方式进行用人单位和学校的

合作。企业主导教学过程，校企共同实施教学，学生通过顶岗实习参加企业生产活动，从而掌握一定的经验技术、熟练的操作技能、解决问题和创新的能力、较强的动手能力和实践能力。

4. 培养形式

校企合作培养技能人才的实训实习可以分为技能实训和生产实习两个阶段。基本技能和综合技能实训主要在院校进行，鼓励企业为院校提供实训设施设备。生产实习主要在企业内进行，企业要制订实习场地使用、实习指导教师配备、实习安全管理、联合课题攻关等项规定，并提供较为先进的设备设施，通过在生产岗位上的“传、帮、带”，进一步强化技能操作训练，同时注重培养学生职业道德、安全生产、劳动纪律和团结协作的意识。

二、校企合作的组织机构

校企合作指导委员会是校企合作的组织机构。为促进校企合作有效开展，提高中职学生企业实习的效率，应成立校企合作指导委员会，以加强学校与企业的联系，寻求多形式、多层次的合作。指导委员会应根据行业和企业需求，进行专业建设的研究、指导、评估，以及提供咨询和服务；了解劳动力市场对技能人才的需求情况及企业对本校毕业生使用的反馈信息，促进学校的教学改革。

校企合作指导委员会一般由学校聘请企业界、经济界、教育界及有关方面的专家组成。

校企合作指导委员会负责指导和推动学校各专业的课程、师资、教材、设备等教学建设和改革，推动产教结合，校企合作，使教学质量不断提高。

校企合作指导委员会主任负责定期组织和召集会议，对专业发展的重大理论和实践问题进行调查研究，提出议题提交委员会研究论证。

校企合作指导委员会委员可通过校企合作指导委员会会议或其他途径向学校提交议案，并以积极的态度审议议案，及时将议案反馈给学校。校企合作指导委员会委员所在企业可优先进行毕业生的选拔和录用。

三、校企双方的权利和义务

1. 企业享有的权利及应履行的义务

1）给学生安排工作时不得违反国家有关法律规定；应对学生进行必要的安全教育，讲明安全注意事项。

2）可根据需要在同一专业领域为学生安排不同的实习岗位，若由于学生自身原因不能胜任或不服从安排，有权提前终止实习。

3）结合实际情况，为学生提供学习专业知识，从事专业实践的机会，并委派专业人员进行指导。

4）负责学生实习期间的日常管理，提供一定的生活保障。

5）实习结束后，根据学生的具体表现，为学生提供一份客观的实习鉴定。

6）招聘员工时，在同等条件下优先录用实习学生。

2. 学校享有的权利应履行的义务

1）做好宣传与组织报名工作，协助企业与实习生进行“双向选择”。优先推荐优秀毕业生到企业就业，对企业来学校举办招聘活动给予优先安排和重点支持。

2）协助企业做好实习学生的思想教育和管理工作。

3）定期安排校内指导教师到企业指导和了解实习学生的工作情况，加强与企业指导教师的联系和沟通，及时帮助解决学生在实习过程中遇到的困难和问题。

四、企业生产实习管理制度与管理文件

企业生产实习是一门重要的综合实践课程，是校内实训向校外的延伸。企业生产实习由学校、企业、学生三方共同参与完成。为保证企业生产实习顺利、有序进行，强化顶岗实习管理尤为重要。为此，必须校企合作制订并完善企业实习管理制度，不断改进企业实习管理方法。在这些制度中，应规定各方（学校、企业、学生）的职责，企业、学校教学管理部门及指导教师的任务，还有企业实习的考核评价原则和方法、企业实习的安全制度和纪律管理制度，确保企业实习工作规范、有序进行。

企业生产实习管理制度与管理文件应包括：校企合作协议书、校企合作实习管理制度、培训申报表、学员登记表、培训计划表、培训记录表、学员评议及反馈表、培训学员成绩评定、培训成果简表和培训总结等。

【案例】 某企业校企合作实习管理制度

第一条　来我公司实习的学生，首先应将自己视为公司的一名员工，自觉遵守公司各项规章制度，忠实、勤勉地工作，服从公司的安排，不折不扣地完成实习任务。

第二条　实习生在工作期间内，不准串岗，闲谈；不准看与工作无关的报纸杂志；不能做与工作无关的事情。

第三条　实习生言行应诚实、谦让、廉洁、奉公、谨慎、勤勉，对领导尊重，同事间要和睦相处。

第四条　实习生应通力合作，同舟共济，不得吵闹、斗殴、搬弄是非，扰乱秩序。

第五条　实习生应遵纪守法，并注重自身行为的规范，养成良好的行为举止。

第六条　严禁在办公室内吸烟及高声喧哗。

第七条　实习生应严守公司机密，并不得以公司或学校的名义从事各种私人活动。

第八条　上班（周一～周五）时间：上午8:30～11:30，下午2:30～5:00。

五、企业生产实习的考核评价

企业生产实习是技能人才培养的重要环节，必须进行严格的评价与考核，但企业生产实习阶段的评价与考核不同于在校内所开课程的考核，这种考核的评价主体应该是校企双方，只有双方共同参与评价标准的制订，共同参与评价过程的实施，才能保证评价与考核的科学性，达到通过企业实习提高学生技能及综合素质的目的。学校应将企业实习的考核成绩作为学生获取相应学分和毕业证书的必要条件，企业生产实习成绩考核应由校企指导教师共同完成；并对近几年企业生产实习的学生及相关实习基地进行调查，对考核评价指标进行完善，在平时工作表现、技能考核、实习报告三部分的基础上，增加校企共同实施的顶岗实习答辩考核环节。企业根据学生工作期间表现进行考评，给定技能评估成绩，校方根据企业评定，并结合学生的实习总结报告及答辩进行总结，评定学生的实习成绩。

【能力训练】

一、填空题

1. 企业生产实习是中职学生必须进行的主要（　）环节之一，是培养学生实际操作

能力，检验专业知识，提高自身综合素质的一个重要组成部分。

2. 中职学生参加企业生产实习是（　　）的过程。

3. 企业生产实习的最大特点是（　　），工学结合主体包括学生、企业、学校。

4. “工学结合”使学生具有学生和工作者的双重身份，担负着（　　）的双重任务。

5.（　　）使学生的理论知识与实践紧密结合，缩短了技能人才成长的周期，是工学结合的基础。

6. 企业生产实习成绩考核应由校指导教师与企业相关人员共同完成，对在企业生产实习的学生，在平时工作表现、技能考核、实习报告三部分的基础上，进行顶岗实习答辩。企业根据学生工作期间表现进行考评，给定技能评估成绩，校方根据企业评定，并结合学生的实习总结报告及答辩进行总结，评定学生的（　　）。

二、判断题

1. 中职学生必须进行企业生产实习。（　　）

2. 中职学生在企业生产实习中可以进一步认识社会和适应社会。（　　）

3. 企业生产实习的最大特点是工学结合。（　　）

三、简答题

1. 试述企业生产实习的意义。

2. 企业生产实习的主体是什么？

3. 企业生产实习的最大特点是什么？

第二章

企业概述

学习目标

1. 了解企业的概念
2. 了解现代企业的基本特征

企业创造社会财富
企业提供就业岗位

企业首先是企业家为自己的伙伴们创造财富。但是，也必须为它的雇员、它的供应公司、销售商和其他公众机构的社团创造财富。企业要生产新的、有益的产品，这些产品必须越来越安全，不会破坏环境，并能让人们长期受益。因此，企业被看做是现代社会中不可缺少的组成部分，它与未来有着重要的关系，关系到和平、稳定和全人类的安康。从这一点来看，企业对更多的公众，而不只是对它们的拥有者和股东负有责任。企业与它所在地的社区、国际社会和世界环境有着直接关系，这就是它的新涵义。

——《国际金融报》叶海春

第一节　认识企业

一、企业的概念

企业应该是指从事生产、流通、服务、技术转让及支持、知识、劳务等活动，为满足社会需要进行的自主经营、自负盈亏、自行承担风险、实行独立核算，具有法人资格的基本经济单位或组织。简单地讲，应该是指为满足社会需要进行各类交易而自主经营的具有法人资格的经济单位或组织。也就是说企业是以市场为导向，以盈利为主要目的，从事商品生产和经营的经济组织；企业是实行自主经营、自负盈亏、独立核算的社会经济基本单位；企业是依法设立、依法经营的经济实体。

企业具备的条件：

1）独立经营。

2）拥有一定的生产资料和劳动力。

3）有利润，企业应该而且必须是盈利的。

4）是法人，法人是依法成立的组织。

二、企业的类型

1. 企业的分类

1）按生产资料所有制的性质划分：公有制企业和非公有制企业。

2）按企业行业属性和产品划分：工业企业、农业企业、交通运输企业、商业企业、金融企业、科技企业等。

3）按企业使用的主要经营资源划分：劳动密集型企业、资金密集型企业（金融业）、技术密集型企业、知识密集型企业。

4）按企业规模划分：大型企业、中型企业、小型企业。

5）按市场范围划分：外向型企业、内向型企业、跨国公司。

6）按企业运用的主体技术划分：传统技术企业和高新技术企业。

2. 企业类型介绍

（1）外商投资企业

1）中外合资经营企业：是指依照中国有关法律在中国境内设立的外国公司、企业和其他经济组织或个人，与中国公司、企业或其他经济组织共同举办的合营企业，即两个以上不同国籍的投资者，根据《合资法人公司法》和《中华人民共和国企业法人登记管理条例》的规定共同投资设立、共同经营、共负盈亏、共担风险的有限责任公司。

例如，北京长城饭店是一家中外多方持股、聘请国外专业公司从事管理经营的特型合资企业。北京亮马河大厦的中外方持股各占50%，大厦经营管理权利均在中方。

2）中外合作经营企业：是指外国企业和其他经济组织或者个人同中国境内的企业或其他经济组织，按照平等互利的原则，根据中国的法律在中国境内共同举办的由中外合作者提供投资或者合作条件进行合作经营的企业。

北京奥林匹克转播有限公司是一家中外合作经营、专门从事奥运会广播电视转播业务的企业，由北京奥组委和国际奥委会所属的奥林匹克广播服务公司共同组建。在北京2008年奥运会和残奥会期间，该公司提供有关奥运会赛事和重要活动的国际电视与广播公共信号。

3）外商独资企业：指外国的公司、企业、其他经济组织或者个人以及华侨和港澳同胞、台湾同胞，依照中国法律在中国境内设立的全部资本由境外投资者投资的企业。

（2）私营企业和个体企业　私营企业是指生产资料属于私人所有，雇工8人以上的营利性的经济组织。

由业主个人出资兴办，由业主自己直接经营的企业，其业主个人享有企业的全部经营所得，同时对企业的债务负有完全责任。

（3）高新技术企业　高新技术企业是指在《国家重点支持的高新技术领域》内，持续进行研究开发与技术成果转化，形成企业核心自主知识产权，并以此为基础开展经营活动，在中国境内（不包括港、澳、台地区）注册一年以上的居民企业。它是知识密集型、技术密集型的经济实体。

国家重点支持的高新技术领域有电子信息技术、生物与新医药技术、航空航天技术、新材料技术、高技术服务业、新能源及节能技术、资源与环境技术和高新技术改造传统产业。

三、企业的组织机构

1. 企业组织结构的五个要素

（1）产品　有形产品、服务。

（2）人　管理、财务、操作工人、营销、技术、研发。

（3）财　资金、资本。

（4）物　土地、厂房、机器、仪器仪表。

（5）信息　反映这些要素及其相互结合状态与运行的各种信息。

2. 企业组织结构的基本概念

企业组织结构是企业组织内部各个有机构成要素相互作用的联系方式或形式，以求有效、合理地把组织成员组织起来，为实现共同目标而协同努力。

组织结构是企业资源和权力分配的载体，它在人的能动行为下，通过信息传递，承载着企业的业务流动，推动或者阻碍企业使命的进程。由于组织结构在企业中的基础地位和关键作用，企业所有战略意义上的变革，都必须首先在组织结构上开始。

【案例1】 广州市浪奇实业股份有限公司组织结构图

广州市浪奇实业股份有限公司是我国洗涤用品生产的大型骨干企业，公司位于广州市黄埔区，公司组织结构图如图2-1所示。

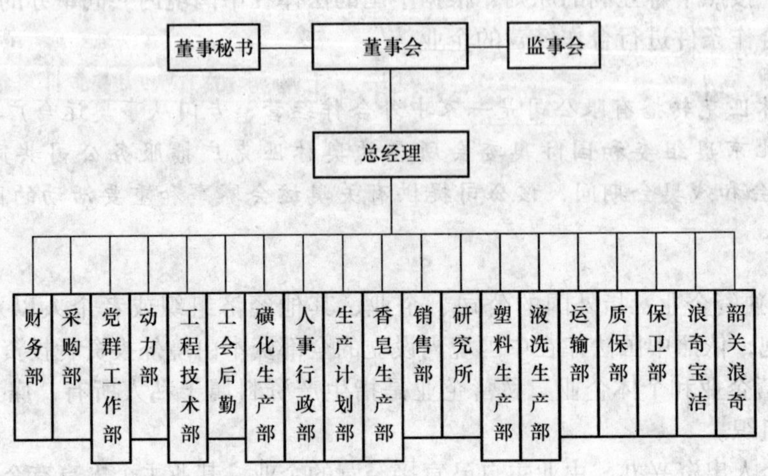

图2-1 广州市浪奇实业股份有限公司组织结构图

【案例2】 微软公司组织结构图（图2-2）

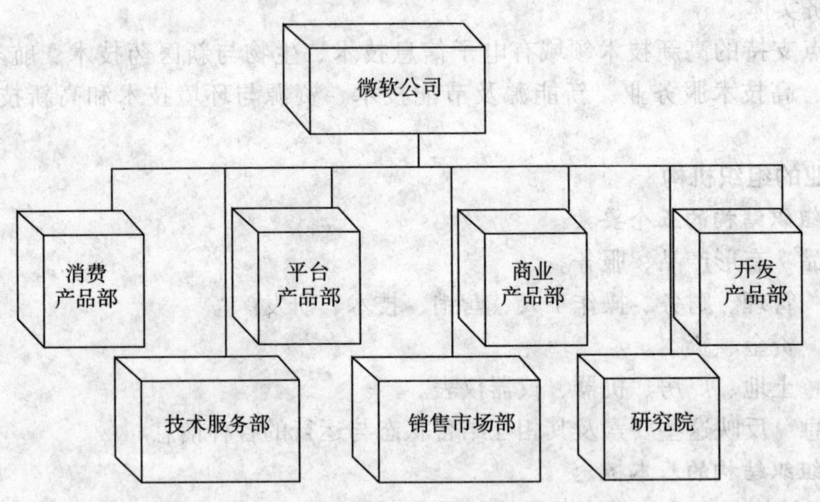

图2-2 微软公司组织结构图

【案例3】 迪斯尼公司组织结构图（图2-3）

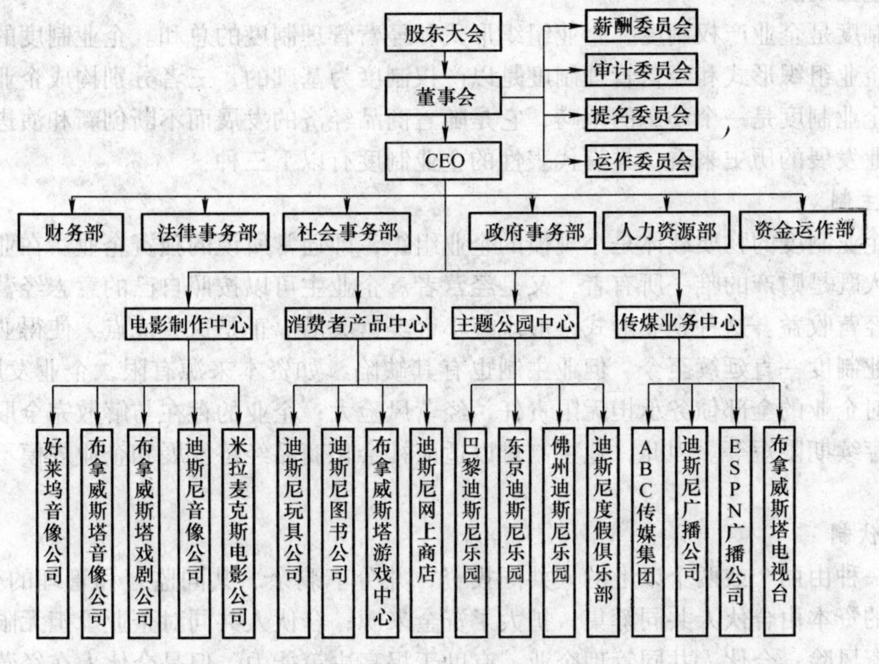

图 2-3 迪斯尼公司组织结构图

用人之道——总裁的面试秘诀

美国西玛顿期货投资公司在北京新组建的亚洲商务区总部要招人，经过几轮残酷竞争，最终留下 5 个人，这 5 个人的综合素质差不多，如何具体分工，人事部门难以确定。

总裁迈克是个美国人，他想了想说：“最后面试由我来主持吧。”面试时，他给每个人发了一张试卷，试卷上的题目都是一样的：请把“不用对对手怀有过多的慈悲”12 个字，填写在后面的 11 个方格中。迈克一边看交上来的试卷，一边现场进行了职位安排，他让交白卷的那位到了企划部；在格子中只填写前 11 个字的到财务部；将 12 个字挤满 11 个格子的到后勤部；只剩“不用对对手有过多”9 个字，在最后两格中写上省略号的那位到公关部；还有一位将“不用”浓缩成“甭”字，11 个格填 11 个字的，迈克将他安排到文档处理部。

人事部经理对此疑惑不解，迈克解释道：“交白卷的那位由于顾虑不肯轻易答题，说明他有极高的风险意识，这种做事深思熟虑的人适合去做经营策划；填了句子中前 11 个字的人比较刻板、保守，当然是做财务工作；把 12 个字全挤在 11 个格子中的很有节约意识，应该去管后勤；至于后面用省略号，句子怎么理解都行，自然也包括原来的意思，说明这人处世圆滑，善于交际，他理应去干公关；将“不用”浓缩成‘甭’的是处理文件的高手。

四、企业制度

企业制度是企业产权制度、企业组织形式和经营管理制度的总和。企业制度的核心是产权制度，企业组织形式和经营管理制度是以产权制度为基础的，三者分别构成企业制度的不同层次。企业制度是一个动态的范畴，它是随着商品经济的发展而不断创新和演进的。

从企业发展的历史来看，具有代表性的企业制度有以下三种：

1. 业主制

这一企业制度的物质载体是小规模的企业组织，即通常所说的独资企业。在业主制企业中，出资人既是财产的唯一所有者，又是经营者。企业主可以按照自己的意志经营，并独自获得全部经营收益。这种企业形式一般规模小，经营灵活。正是这些优点，使得业主制这一古老的企业制度一直延续至今。但业主制也有其缺陷，如资本来源有限，企业发展受限制；企业主要对企业的全部债务承担无限责任，经营风险大；企业的存在与解散完全取决于企业主；企业存续期限短等。因此，业主制难以适应社会化商品经济发展和企业规模不断扩大的要求。

2. 合伙制

这是一种由两个或两个以上的人共同投资，并分享剩余、共同监督和管理的企业制度。合伙企业的资本由合伙人共同筹集，扩大了资金来源；合伙人共同对企业承担无限责任，可以分散投资风险；合伙人共同管理企业，有助于提高决策能力。但是合伙人在经营决策上也容易产生意见分歧，合伙人之间可能出现偷懒的道德风险。所以合伙制企业一般都局限于较小的合伙范围，以小规模企业居多。

3. 公司制

现代公司制企业的主要形式是有限责任公司和股份有限公司。公司制的特点是公司的资本来源广泛，使大规模生产成为可能；出资人对公司只负有限责任，投资风险相对降低；公司拥有独立的法人产权制，保证了企业决策的独立性、连续性和完整性；所有权与经营权相分离，为科学管理奠定了基础。

第二节　认识现代企业

一、现代企业的特征

现代企业也称为新企业。现代企业这一概念的提出以及对其含义的解释，主要受到美国经济学家钱德勒所著《看得见的手——美国企业的管理革命》一书的影响。但钱德勒在该书中只提出了“现代企业”的概念，即“由一组支薪的中、高层经理人员所管理的多单位企业即可称为现代企业”。这里的现代企业是与出资者直接管理的企业（包括独资企业、合伙企业和一些大股东直接掌管的公司企业），即所谓的“古典企业（旧企业）”相对而言的，主要是从经济学、企业管理学上提出的概念，特指以现代西方国家大型企业有限公司为代表的企业模式，这种公司的实际控制权转移到很少甚至根本不拥有公司股份的经理人员手中。因此，所谓现代企业，其本意只是从企业内部管理模式和企业运行机制上与古典企业（旧企业）的区别。

现代企业具有以下特征：

1）拥有投资者投入形成的全部法人财产权，成为享有民事权利，承担民事责任的

法人。

2）以其全部财产依法自主经营，自负盈亏，照章纳税，对投资者承担资本保值增值的受托责任。

3）投资者按投入企业资本，享有所有者的权益，并承担相应的责任。

4）按市场和社会需求组织生产经营，保护环境，以提高劳动生产率、企业经济效益和社会效益为目的。

5）建立科学的企业领导体制和组织管理制度，调节所有者、经营者和职工的关系，形成激励和约束相结合的经营管理机制。

二、现代企业制度

现代企业制度是指以市场经济为基础，以完善的企业法人制度为主体，以有限责任制度为核心，以公司企业为主要形式，以产权清晰、权责明确、政企分开、管理科学为条件的新型企业制度。其主要内容包括：企业法人制度、企业自负盈亏制度、出资者有限责任制度、科学的领导体制与组织管理制度。

我国现代企业制度的基本特征是产权清晰、权责明确、政企分开、管理科学。

现代企业制度的主要内容：

1）企业资产具有明确的实物边界和价值边界，具有确定的政府机构代表国家行使所有者职能，切实承担起相应的出资者责任。

2）企业通常实行公司制度，即有限责任公司和股份有限公司制度，按照《中华人民共和国公司法》的要求，形成由股东代表大会、董事会、监事会和高级经理人员组成的相互依赖又相互制衡的公司治理结构，并有效运转。

3）企业以生产经营为主要职能，有明确的盈利目标，各级管理人员和一般职工按经营业绩和劳动贡献获取收益，住房分配、养老、医疗及其他福利事业由市场、社会或政府机构承担。

4）企业具有合理的组织结构，在生产、供销、财务、研究开发、质量控制、劳动人事等方面形成了行之有效的企业内部管理制度和机制。

5）企业有着刚性的预算约束和合理的财务结构，可以通过收购、兼并、联合等方式谋求企业的扩展；经营不善难以为继时，可通过破产、被兼并等方式寻求资产和其他生产要素的再配置。

【案例4】

沈阳黎明航空发动机（集团）有限责任公司（简称黎明公司）是1954年建立的中国航空喷气发动机科研生产大型骨干企业。在长期的计划管理体制下，形成了基本封闭、自我服务式的生产福利型的传统国有企业结构。1999年以来在“发展主业、分立辅业、优化结构、转变机制”的战略思想指导下，公司将蜗轮机械类产品研制确定为核心主业，通过调整整合，集中力量实行专业化发展；对非主业单位，通过改制，成立了8个产权独立、自主用工的有限责任公司，使之脱离母体成为真正的市场主体。经过4年的调整，黎明公司已经基本形成了以集团公司管理层、技术中心、专业化航空产品为核心主体，由民品厂和辅业单位改制而成的有限责任公司群体为微型企业的集团化母公司框架结构。

由于这次调整定位准确，并且抓住了国际航空业发展和国家加强国防建设的机会，调整的效果比较明显。2000年黎明公司的产品销售收入结构发生了质的改变，航空产品收入从占总收入的1/3提升到占总收入的2/3强，从徘徊15年的不到200万美元创汇水平，提升到600万美元以上。2001年黎明公司实现销售收入13.62亿元，其中航空产品收入9.76亿元，同比增长50%；转包创汇达到1，139万美元。

用人之道——替员工端上一杯茶

松下幸之助指出，在现代企业管理中，优秀的领导者应像中国古代的优秀将帅爱护士兵那样去关心体贴自己的干部、员工，要以“替员工端上一杯茶”的精神来管理企业。

作为企业管理者，首先应平等地对待员工，不要把他们当做雇员，而要把他们当做同志、助手。因为，每一个成就中，都包含有他们的汗水与心血。

松下幸之助说：“当我看见员工们同心协力地朝着目标奋进，不禁感慨万千。”所以，他提出并倡导社长“替员工端上一杯茶”的精神。在松下看来，社长并不是高高在上的人。社长有了这种温和谦虚的心胸，一旦看见负责尽职的员工，自然会满怀感激地说：“真是太辛苦你了，请来喝杯茶吧。”松下的意思是，社长也不一定亲自为下属倒茶，但是，如果能够诚恳地把心意表达出来，就可以使倦怠的员工感到振奋，从而提高工作效率。

松下还说，即使是公司职工众多，无法向每个人表示谢意，但只要心存感激，就算不说，行动也自然会流露出来，传达到员工心里。这里所体现的无疑是地位平等和尊重员工的精神。

有一天深夜，松下打电话到一位干部家中，这位干部以为老板要传递什么重要的工作指示。没想到，松下竟说：“我突然很想听听你的声音。”在讲究辈分伦理的日本企业，松下的话让这位干部受宠若惊。松下以如此真诚感性的方式来表达对部属的关怀，任何人接到这样的电话都会觉得备受重视，愿意为公司全力以赴的。

【能力训练】

一、填空题

1.（　　）应该是指从事生产、流通、服务、技术转让及其支持、知识、劳务等活动，为满足社会需要进行的自主经营、自负盈亏、自行承担风险、实行独立核算，具有法人资格的基本经济单位或组织。简单地讲，应该是指为满足社会需要进行各类交易而自主经营的具有法人资格的经济单位或组织。也就是说企业是以市场为导向，以盈利为主要目的，从事商品生产和经营的经济组织；企业是实行自主经营、自负盈亏、独立核算的社会经济基本单位；企业是依法设立、依法经营的（　　）。

2. 所谓（　　），其本意只是从企业内部管理模式和企业运行机制上与古典企业（旧企业）的区别。

二、判断题

1. 企业的产品包括有形产品、服务。　　(　　)
2. 企业以生产经营为主要职能，有明确的盈利目标。　　(　　)

三、简答题

1. 简述企业进行生产经营的目标。
2. 简述现代企业的主要特征。

第三章

企业生产及特点

学习目标

1. 了解工业企业生产的基本过程
2. 了解金属材料生产的基本过程
3. 了解金属材料热加工生产过程
4. 了解金属材料冷加工生产的基本过程
5. 了解装配与调整工艺的基本过程
6. 了解其他工艺和新工艺、新技术、新材料
7. 了解工业企业车间的生产性质和类型

不接受缺陷、不制造缺陷、不传递缺陷
质量是制造出来的，不是检验出来的

第一节　工业企业生产过程概述

生产过程是每个工业企业最基本的活动过程：从投料开始，经过一系列的加工，直至成品生产出来的全部过程。在生产过程中，主要是劳动者运用劳动工具，直接或间接地作用于劳动对象，使之按人们预定目的变成工业产品。机械产品的生产过程是指从原材料（或半成品）开始，直到制造成为产品之间的各个相互联系的全部劳动过程的总和。

一、生产过程的要素结构

按照生产过程组织的构成要素，可以将生产过程分为以下几个过程。

1. 物流过程

物流过程包括采购过程、加工过程或服务过程、运输（搬运）过程、仓储过程等一系列过程，既是物料的转换过程和增值过程，又是一个物流过程。

2. 信息流过程

信息流过程是指在生产活动中，将其有关的原始记录和数据，按照需要加以收集、处理并使之朝一定方向流动的数据集合。

3. 资金流过程

资金流是以在制品和各种原材料、辅助材料、动力、燃料设备等实物形式出现的，分为固定资金与流动资金。资金的加速流转和节约是提高生产过程经济效益的重要途径。

生产运行过程的组织，就是要以最佳的方式将各种生产要素结合起来，处理好生产运作过程中的人与人、人与物、物与物之间的相互关系，对生产运作过程中的各个阶段、环节、工序进行合理安排，使其形成一个协调的系统。

二、生产过程的组成

一个生产制造企业的生产过程指的是从生产技术准备工作开始，到完成产品生产，最后交付用户为止的全部过程。不同的行业、不同的产品或不同生产规模的企业，由于采用的生产工艺和工艺方法不同，而有着不同的生产过程。但不论哪一类生产过程，一般均由以下几部分组成。

1. 生产技术准备过程

生产技术准备过程是指产品在投入生产前所进行的各种生产技术准备工作。如产品的设计、工艺设计、工艺装备的设计与制造、标准化工作、定额工作、调整劳动组织和设备布置等。这里的生产技术准备与生产前组织的物质技术准备环节是不同的，前者是直接的生产准备，是为明确具体的产品生产做准备的，后者是间接的生产准备，不是为具体的产品生产做准备的。

2. 基本生产过程

基本生产过程是指构成产品实体的劳动对象直接进行工艺加工的过程。如机械企业中的铸造、锻造、机械加工和装配等过程；纺织企业中的纺纱、织布和印染等过程。基本生产过程是企业的主要生产活动。

3. 辅助生产过程

辅助生产过程是指为保证基本生产过程的正常进行而从事的各种辅助性生产活动的过程。如为基本生产提供动力、工具和维修工作等。

4. 生产服务过程

生产服务过程是指为保证生产活动顺利进行而提供的各种服务性工作。如供应工作、运输工作、技术检验工作等。

上述四部分彼此结合在一起，构成企业的整个生产过程。其中，基本生产过程是主导部分，其余各部分都是围绕着基本生产过程进行的。

三、生产过程的空间组织

生产过程的空间组织是指企业内部各生产阶段和生产单位的组织和空间布局。为了使生产过程达到连续性、协调性和节奏性的要求，必须从空间上把生产过程的各个环节合理地组织起来，使它们密切配合，协调一致。

1. 工艺专业化形式（工艺原则）

它是按照生产工艺性质的不同来设置生产单位的。在工艺专业化的生产单位里，集中着同类型的工艺设备和相同工种的工人，对企业的各种产品进行相同的工艺加工。如机械加工车间的车工小组、钻工小组。由于同类型的设备和同工种的工人集中在一起，对不同的产品进行相同工艺的加工，因此，对产品品种多变的适应性较强，便于比较充分地利用机器设备和劳动力，同时，也便于对工艺进行专业化的管理。但由于工艺专业化的生产单位只能完成一种工艺，不能独立地完成产品（或零部件）的全部或大部分加工工序，每种产品的全部或大部分工序都要逐次通过许多生产单位才能完成。因此，产品在生产过程中运输路线较长，消耗在运输、在制品上的辅助劳动较大，生产过程中的停放时间较长，生产周期也就较长，在制品的资金占用也就较多，生产单位之间的生产管理和成本核算工作都比较复杂。

2. 对象专业化形式（对象原则）

它是按照产品的不同来设置生产单位的。在对象专业化的生产单位里，集中着加工同种类产品所需要的各种机器设备和各种不同工种的工人，对同类产品进行不同工艺的加工。这种形式把一种产品的全部或大部分工序都集中到一个生产单位来完成。所以，这一类生产单位又称为封闭式生产单位，如发动机车间、齿轮车间、标准件车间。由于相同的劳动对象集中在一起，连续进行许多工序的加工，因此，可以大大缩短生产产品在生产过程中的运输路线，节省辅助劳动的耗费，缩短生产周期，减少在制品和占用的流动资金，可以简化生产管理工作和成本核算。但由于对象专业化的生产单位内部工艺复杂，在产品多变的情况下，适应性较差，难以充分利用机器设备，一旦生产情况改变，很难做出相应的调整。

四、生产过程的时间组织

生产过程的时间组织是指产品在生产过程各工序之间的移动方式。工业产品的生产过程必须经历一定的时间，经历的时间越短，越有利于企业提高经济效益。因此，对产品生产过程的各个环节，在时间上应当进行合理的安排和组织，保证各个环节在时间上协调一致，实现连续性和有节奏的生产，以提高劳动生产率，缩短生产周期，减少资金占用。

一批工件在工序间存在着三种移动方式，主要有顺序移动、平行移动和平行顺序移动。

1. 顺序移动方式

顺序移动方式是指一批在制品在上道工序全部加工完，再整批地送到下道工序加工。这种方式一般适用于批量较少，工序时间较短的成批在制品生产中。其优点是组织工作比较简单，设备没有停工时间；缺点是在制品在工序间有等待加工和运输时间，生产周期长，流动资金周转慢，经济效果差。

2. 平行移动方式

平行移动方式是指一批在制品在上道工序加工完一个零件以后，立即转入下道工序加工，而无需等待整批加工完后，才向下道工序移动的一种组织生产方式。其优点是，生产周期短，由于在制品移动快，流动资金占用也就减少。缺点是，当下道工序的加工时间小于上道工序的加工时间时，有停工待料现象，但这种停工时间不好利用；另外，运输工作量会因相对频繁而加大。

3. 平行顺序移动方式

平行顺序移动方式是平行移动方式和顺序移动方式混合的组织生产的方式。采用这种移动方式，当前道工序加工时间小于或等于后道工序加工时间时，按平行移动的方式移送；当前道工序加工时间大于后道工序时间时，后道工序开始加工第一件在制品的时间，比前道工序加工完第一件制品的时间要往后移。后移时间的长短，以保证该工序能够连续加工该批制品为原则。这样，既可以防止下道工序时开时停的现象，又可以把间歇时间集中起来加以利用，使设备和工人都有较充足的负荷，但组织工作比较复杂。

第二节　金属材料生产过程概述

金属材料是指金属元素或以金属元素为主构成的具有金属特性的材料的统称。它包括纯金属、合金、金属材料金属间化合物和特种金属材料等（金属氧化物，如氧化铝，不属于金属材料）。

人类文明的发展和社会的进步同金属材料的关系十分密切。继石器时代之后出现的铜器时代、铁器时代，均以金属材料的应用为其时代的显著标志。目前，种类繁多的金属材料已成为人类社会发展的重要物质基础。

一、金属材料的分类

金属材料通常分为钢铁材料、非铁金属和特种金属材料。

1. 钢铁材料

钢铁材料（又称黑色金属），包括铁的质量分数在90%以上的工业纯铁，碳的质量分数为2% ~4%的铸铁，碳的质量分数小于2%的碳钢，以及各种用途的结构钢、不锈钢、耐热钢、高温合金 、精密合金等。广义的钢铁材料还包括铬、锰及其合金。

2. 非铁金属

非铁金属（又称有色金属）是指除铁、铬、锰以外的所有金属及其合金，通常分为轻金属、重金属、贵金属、半金属、稀有金属和稀土金属等。有色金属合金的强度和硬度一般比纯金属高，并且电阻大、电阻温度系数小。

3. 特种金属材料

特种金属材料包括不同用途的结构金属材料和功能金属材料。其中有通过快速冷凝工艺获得的非晶态金属材料，以及准晶、微晶、纳米晶金属材料等；还有隐身、抗氢、超导、形状记忆、耐磨、减振阻尼等特殊功能合金，以及金属基复合材料等。

二、金属材料的性能

金属材料的性能一般分为工艺性能和使用性能两类。

1. 工艺性能

工艺性能是指机械零件在加工制造过程中，金属材料在确定的冷、热加工条件下表现出来的性能。金属材料工艺性能的好坏，决定了它在制造过程中加工成形的适应能力。由于加工条件不同，要求的工艺性能也就不同，如铸造性能、可焊性、可锻性、热处理性能、切削加工性等。

2. 使用性能

使用性能是指机械零件在使用条件下，金属材料表现出来的性能，它包括力学性能、物理性能、化学性能等。金属材料使用性能的好坏，决定了它的使用范围与使用寿命。在机械制造业中，一般机械零件都是在常温、常压和腐蚀性非常强烈的介质中使用的，且在使用过程中各机械零件都承受着不同载荷的作用。金属材料在载荷作用下抵抗破坏的性能，称为力学性能。金属材料的力学性能是零件的设计和选材时的主要依据。外加载荷性质不同，例如拉伸、压缩、扭转、冲击、循环载荷等，对金属材料要求的力学性能也有所不同。常用的力学性能包括：强度、塑性、硬度、冲击韧性、多次冲击抗力和疲劳极限等。

三、金属材料生产过程

金属材料一般从矿石中提取，往往涉及冶炼过程，因此金属材料的生产工艺通称为冶金学。根据工艺特点的不同可分为：火法冶金、湿法冶金、电冶金以及粉末冶金等。

1. 火法冶金

火法冶金是指利用高温（超过金属熔点温度）从矿石中提取金属或其他化合物的方法。因这种工艺没有水溶液的参与，所以也叫干法冶金。这里以目前使用量最大的金属材料——钢铁材料为例，介绍火法冶金的生产过程。

生铁冶炼分为三步：原料准备、冶炼、精炼。

（1）原料准备　1）制取精矿粉：把从自然界中直接采掘到的矿石破碎后，通过重选、浮选、磁选等方法，获得含金属量较高的精矿粉。

2）精矿粉的球团和烧结：把精矿粉与适量的粘结剂和水，在造球机内均匀混合，制成球团，然后再高温烧结。图 3-1 所示为供应高炉的烧结碱性球团。

图 3-1　烧结碱性球团

（2）冶炼　一般金属在矿石中以氧化物或硫化物等化合物的形式存在，用还原剂（如焦炭，CO 等）将其还原为金属的过程，称为冶炼。这个化学反应过程通常经高温在炼铁高炉内进行，要喷吹重油和煤粉助燃，冶炼过程除了获得金属外，还得到大量的炉渣和煤气，可以回收。

（3）精炼　将冶炼得到的金属（生铁）进一步去除杂质，提高纯度的过程称为精炼。精炼包括：

1）化学方法：氧化精炼、电渣重熔、真空冶炼、喷射冶金。

2）物理方法：区域提纯、精馏。

3）电化学方法：电解提纯。

炼钢实际上就是对生铁的一种精炼过程。由于生铁冶炼过程中要使用大量的碳来还原出金属铁，因此生铁中碳含量较高。钢与生铁在化学成分上的主要区别在于含碳量，碳的质量分数超过2.11%的就是生铁，而常用钢的碳的质量分数一般在1%以下。因此，炼钢就是通过氧气把铁水中的各种杂质氧化成炉渣和气体，除去它们从而降低杂质含量，并用各种铁合金来调整成分，再用铝、钛等脱除过量的氧的过程，如图3-2所示。

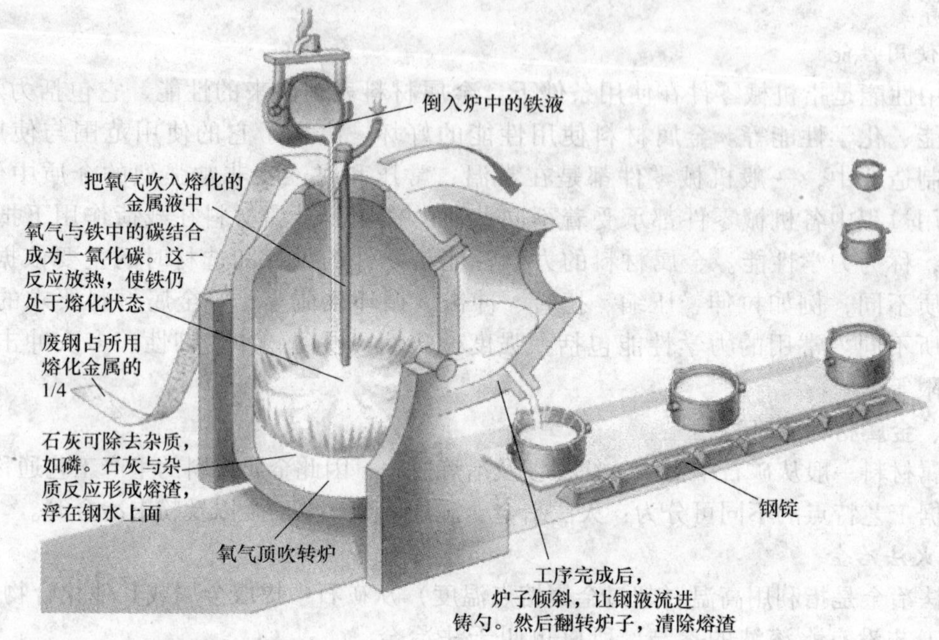

图3-2　炼钢生产线工艺流程图

2. 湿法冶金

利用溶剂，借助于氧化、还原、中和、水解、络合等化学作用，对原料中的金属进行提取和分离，得到金属或其化合物的过程，称为湿法冶金。由于大部分溶剂是水溶液，因而也叫水法冶金。湿法冶金的优点是环境污染少，并且能提炼低品位的矿石，但成本较高。主要用于生产锌、氧化铝、氧化铀及一些稀有金属。

3. 电冶金

广义上讲电冶金是指应用电能从矿石或其他原料中提取、回收、精炼金属的冶金过程。但实际工程上所提到的电冶金一般指电解（电化学）冶金，包括水溶液电解和熔盐电解，而把电炉冶炼归入火法冶金的范畴。

4. 粉末冶金

用湿法冶金和电冶金获得的金属往往是以颗粒的形式存在，要想得到大块的致密金属和金属零部件，可采用粉末冶金的方法。

粉末冶金由以下几个主要工艺步骤组成：配料、压制成型、坯块烧结和后处理。对于大型的制品，为了获得均匀的密度，还需要采取等静压（各方向同时受液压）的方法成型。粉末冶金对于制造切削用的硬质合金（碳化钨、碳化钛等难熔碳化物的混合物）刀头特别重要，钨、铌、钽等高熔点块状合金一般用粉末冶金法制造，致密的钛零件也可用粉末冶金

法生产。粉末冶金工艺发展很快，现在常用来制作减磨材料、摩擦材料、结构材料、刀具和模具材料、过滤材料等，如图 3-3 所示。

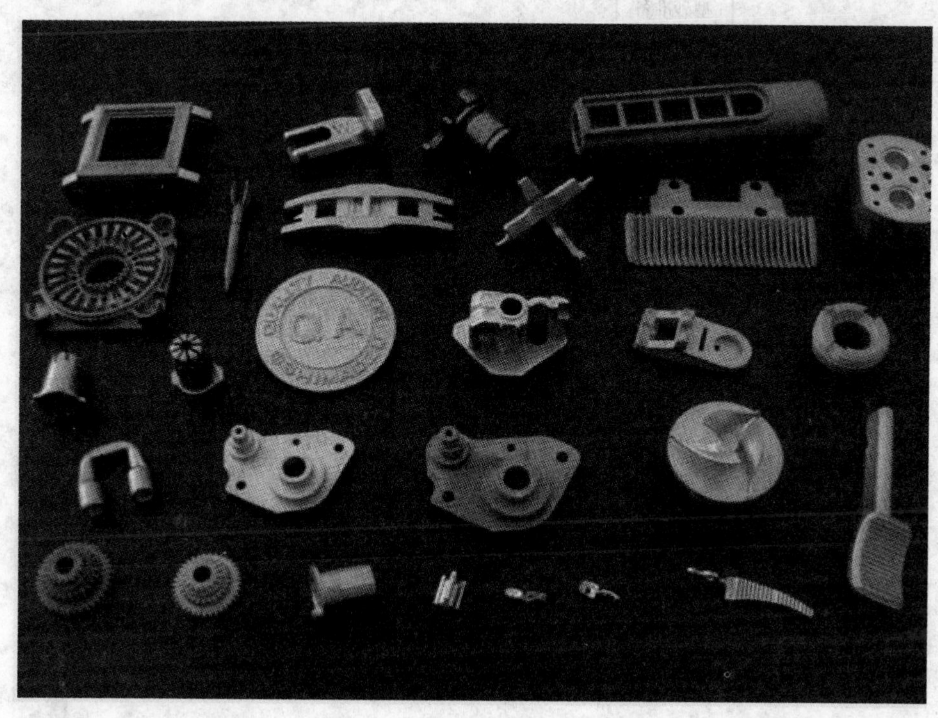

图 3-3　粉末冶金制品

第三节　金属材料热加工生产过程概述

金属材料热加工是在高于再结晶温度的条件下，使金属材料同时产生塑性变形和再结晶的加工方法。热加工通常包括铸造、锻造、轧制、粉末冶金和热处理等工艺，有时也将焊接、热切割、热喷涂等工艺包括在内。热加工能使金属零件在成型的同时改善它的组织，或者使已成型的零件改变结晶状态以改善零件的力学性能。对于低熔点的金属材料，如铅、锌、锡等，其再结晶温度低，在室温下对它们进行的塑性加工也属于热加工。

一、铸造

铸造是将金属熔炼成符合一定要求的液体并浇进铸型里，经冷却凝固、清整处理后得到有预定形状、尺寸和性能的铸件的工艺过程。铸造毛坯因近乎成型，而达到免机械加工或少量加工的目的，降低了成本并在一定程度上减少了制作时间。铸造是现代制造业的基础工艺之一。

铸造的方法很多，常分为砂型铸造和特种铸造两类。

砂型铸造就是用型砂紧实成型的铸造方法，图 3-4 为造型和制芯过程。

特种铸造是与砂型铸造不同的铸造方法，如金属型铸造、压力铸造、离心铸造、熔模铸

造、陶瓷铸造等，图 3-5 为离心铸造。

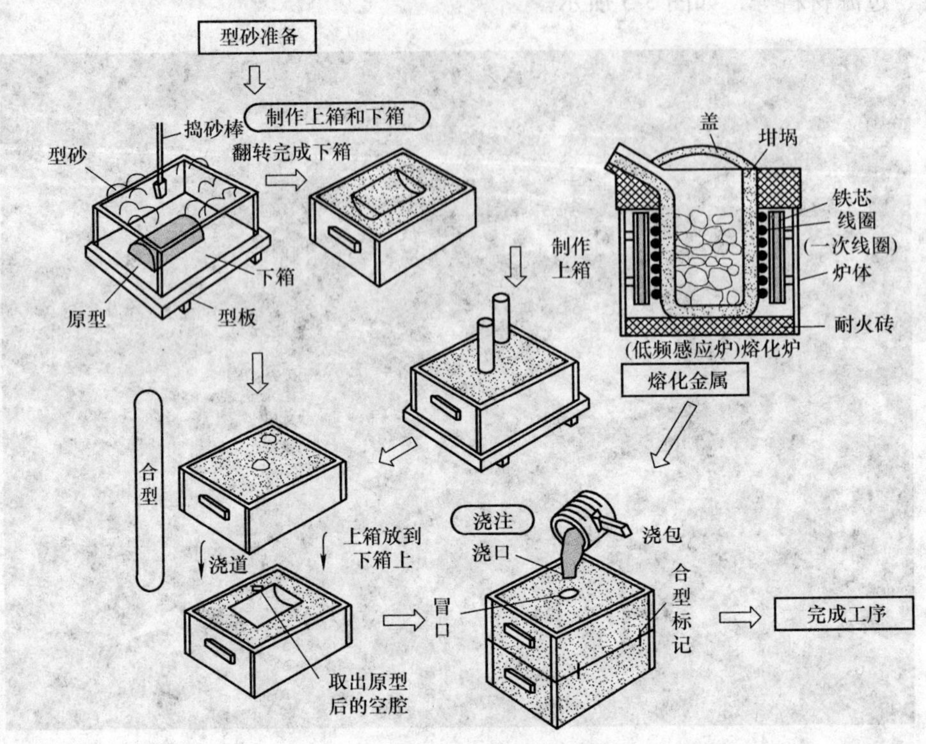

图 3-4　造型和制芯过程

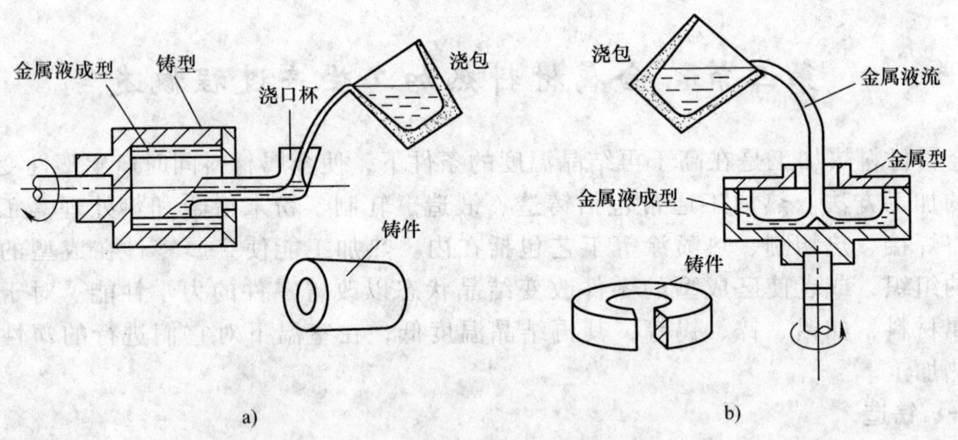

图 3-5　离心铸造

a）卧式离心铸造　b）立式离心铸造

二、锻造

锻造是利用锻压机械对金属坯料施加压力，使其产生塑性变形以获得具有一定力学性能、一定形状和尺寸锻件的加工方法。通过锻造能消除金属在冶炼过程中产生的铸态疏松等

缺陷，优化微观组织结构，同时由于保存了完整的金属流线，锻件的力学性能一般优于同样材料的铸件。相关机械中负载高、工作条件严格的重要零件，除形状较简单的可用轧制的板材、型材或焊接件外，多采用锻件制造。

根据坯料的移动方式，锻造可分为自由锻、镦粗、挤压、模锻、闭式模锻、闭式镦锻。

自由锻是利用冲击力或压力使金属在上下两个砧铁（砧块）间产生变形以获得所需锻件，主要有手工锻造和机械锻造两种，图 3-6 为自由锻工艺。

模锻又分为开式模锻和闭式模锻。金属坯料在具有一定形状的锻模膛内受压变形而获得锻件，又可分为冷镦、辊锻、径向锻造和挤压等。

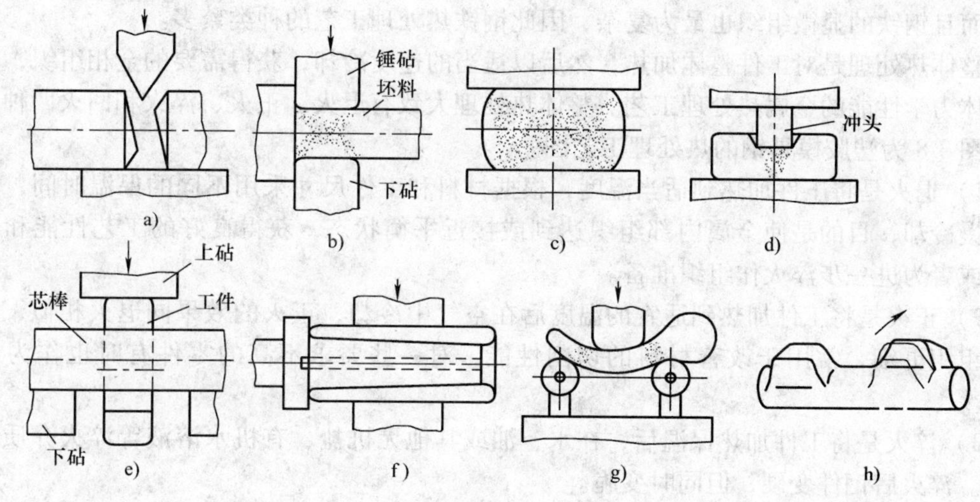

图 3-6 自由锻工艺

a）钢锭开坯 b）拔长 c）镦粗 d）冲孔 e）芯棒扩孔 f）芯棒拔长 g）弯曲 h）扭转

三、焊接

焊接是对被焊工件的材质（同种或异种）通过加热、加压或两者并用，也可用填充材料使工件的材质达到原子间的结合而形成永久性连接的工艺过程，如图 3-7 所示。

金属的焊接，按其工艺过程的特点分为熔焊、压焊和钎焊三大类。

1）熔焊是在焊接过程中将工件接口加热至熔化状态，不加压力完成焊接的方法。熔焊时，热源将待焊工件接口处迅速加热熔化，形成熔池。熔池随热源向前移动，冷却后形成连续焊缝而将两工件连接成为一体。

2）压焊是在加压条件下，使两工件在固态下实现原子间结合，又称固态焊接。

3）钎焊是使用比工件熔点低的金属材料作钎料，将工件和钎料加热到高于钎料熔点、低于工件熔点的温度，利用液态钎料润湿工件，填充接口间隙并与工件通过原子间的相互扩散，从而实现焊接的方法。

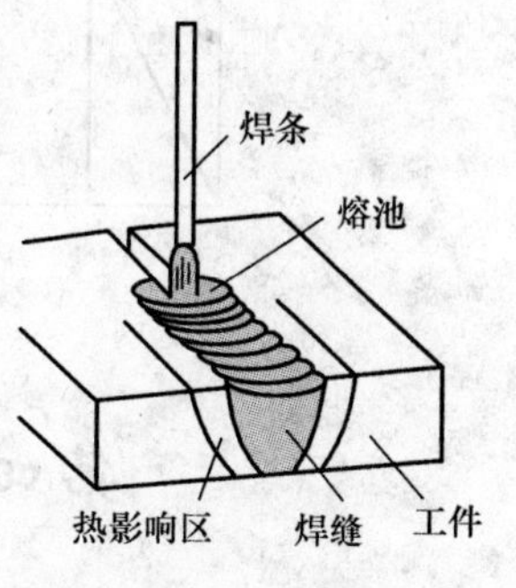

图 3-7 焊接

四、热处理

热处理是将金属材料放在一定的介质内加热、保温、冷却，通过改变材料表面或内部的金相组织结构，来控制其性能的一种金属热加工工艺。

热处理是机械制造中的重要工艺之一，与其他加工工艺相比，热处理一般不改变工件的形状和整体的化学成分，而是通过改变工件内部的显微组织，或改变工件表面的化学成分，来赋予或改善工件的使用性能。其特点是改善工件的内在质量，这一般不是肉眼所能看到的。

热处理工艺大体可分为整体热处理、表面热处理和化学热处理三大类。根据加热介质、加热温度和冷却方法的不同，每一大类又可分为若干不同的热处理工艺。同一种金属采用不同的热处理工艺，可获得不同的组织，从而具有不同的性能。钢铁是工业上应用最广的金属，而且钢铁的显微组织也最为复杂，因此钢铁热处理工艺的种类繁多。

整体热处理是对工件整体加热，然后以适当的速度冷却，获得需要的金相组织，以改变其整体力学性能的金属热处理工艺。整体热处理大致有退火、正火、淬火和回火四种基本工艺，图 3-8 为塑胶模具钢的热处理工艺图。

1）退火是将工件加热到适当温度，根据材料和工件尺寸采用不同的保温时间，然后进行缓慢冷却，目的是使金属内部组织达到或接近平衡状态，获得良好的工艺性能和使用性能，或者为进一步淬火作组织准备。

2）正火是将工件加热到适宜的温度后在空气中冷却，正火的效果同退火相似，只是得到的组织更细，常用于改善材料的切削性能，对一些要求不高的零件有时也作为最终热处理。

3）淬火是将工件加热保温后，在水、油或其他无机盐、有机水溶液等淬火介质中快速冷却。淬火后钢件变硬，但同时变脆。

4）为了降低钢件的脆性，将淬火后的钢件在高于室温而低于 650℃ 的某一适当温度进行长时间的保温，再进行冷却，这种工艺称为回火。

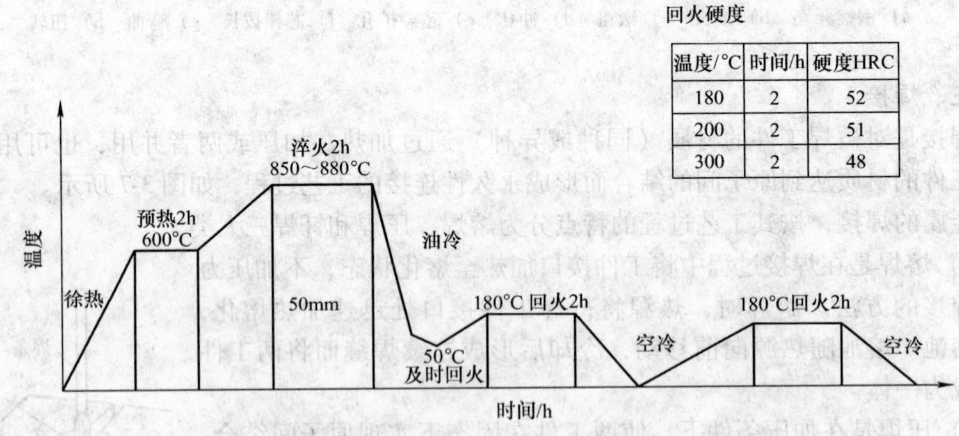
回火硬度

温度/°C	时间/h	硬度HRC
180	2	52
200	2	51
300	2	48

图 3-8　塑胶模具钢的热处理工艺图

第四节　金属材料冷加工生产过程概述

冷加工通常指金属的切削加工。用切削工具（包括刀具、磨具和磨料）把坯料或工件上多余的材料层切去成为切屑，使工件获得规定的几何形状、尺寸和表面质量的加工方法。任何切削加工都必须具备三个基本条件：切削刀具、工件和切削运动。切削刀具应有刃口，其硬度必须比工件高。不同的刀具结构和切削运动形式构成不同的切削方法。用刃形和刃数都固定的刀具进行切削的方法有车削、钻削、镗削、铣削、刨削、拉削和锯割等；用刃形和刃数都不固定的磨具或磨料进行切削的方法有磨削、研磨、珩磨和抛光等。

切削加工是机械制造中最主要的加工方法。虽然毛坯的制造精度在不断提高，精铸、精密锻造、挤压、粉末冶金等加工工艺应用日益广泛，但由于切削加工的适应范围广，且能达到很高的精度和很低的表面粗糙度值，在机械制造工艺中仍占有重要地位。

一、车削

车削是工件旋转，车刀在平面内作直线或曲线运动的切削加工方法。车削一般在车床上进行，用以加工工件的内外圆柱面、端面、圆锥面、成形面和螺纹等。

车削内外圆柱面时，车刀沿平行于工件旋转轴线的方向运动。车削端面或切断工件时，车刀沿垂直于工件旋转轴线的方向水平运动，如图 3-9 所示。如果车刀的运动轨迹与工件旋转轴线成一斜角，就能加工出圆锥面。车削成形的回转体表面时，可采用成形刀具法或刀尖轨迹法。

在车床上使用不同的车刀或其他刀具，可以加工各种回转表面，如内外圆柱面、内外圆锥面、螺纹、沟槽、端面和成形面等。

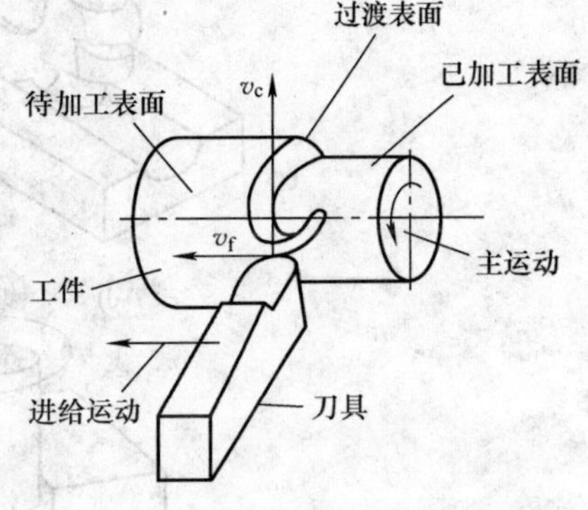

图 3-9　车削运动与加工表面的形成

二、铣削

铣削是指使用旋转的多刃刀具切削工件，是高效率的加工方法。工作时，刀具旋转（作主运动），工件移动（作进给运动），也可以固定，但此时旋转的刀具还必须移动，即同时完成主运动和进给运动。铣床的加工范围很广，可以加工平面、斜面、垂直面、各种沟槽和成形面（如齿形），还可以进行分度工作。有时孔的钻、镗加工，也可在铣床上进行，如图 3-10 所示。

三、钻削与镗削

1. 钻削

钻削是用钻头在实心材料上钻孔，加工外形复杂、没有对称回转轴线的孔，一般为直径不大、精度不太高的孔，如连杆、盖板、箱体、机架等零件上的单孔或孔系，如图 3-11 所示。

钻床的主要类型有台式钻床、立式钻床、摇臂钻床、钻铣床和中心孔钻床。

钻削用的刀具有麻花钻、扁钻、硬质合金钻、枪钻、喷吸钻等。

2. 镗削

镗削是一种用刀具扩大孔或其他圆形轮廓内径的车削工艺（图 3-12），其应用范围一般从半粗加工到精加工，所用刀具通常为单刃镗刀。

镗削一般可在镗床、加工中心和组合机床上进行，主要用于加工箱体、支架和机座等工件上的圆柱孔、螺纹孔、孔内沟槽和端面；当使用特殊附件时，也可加工内外球面和锥孔等。

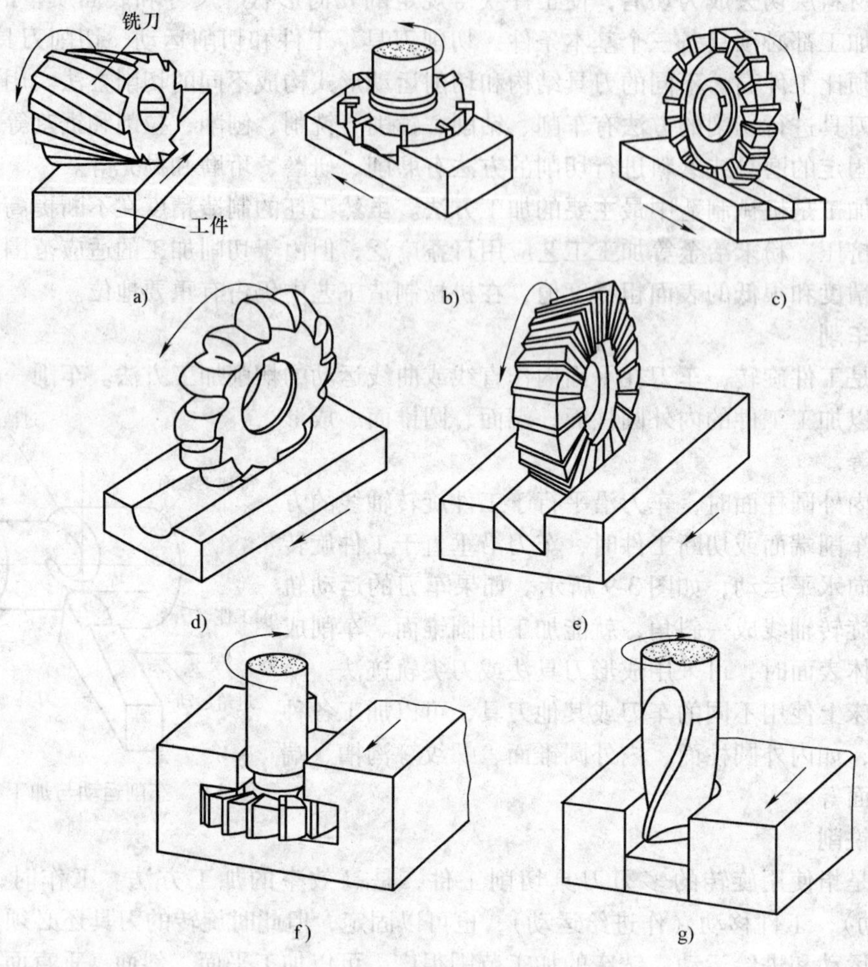

图 3-10　铣削加工范围

a)、b) 铣平面　c) 铣方形槽　d) 铣半圆槽　e) 铣不对称 V 形槽　f) 铣 T 形槽　g) 铣沟槽

图 3-11　钻削

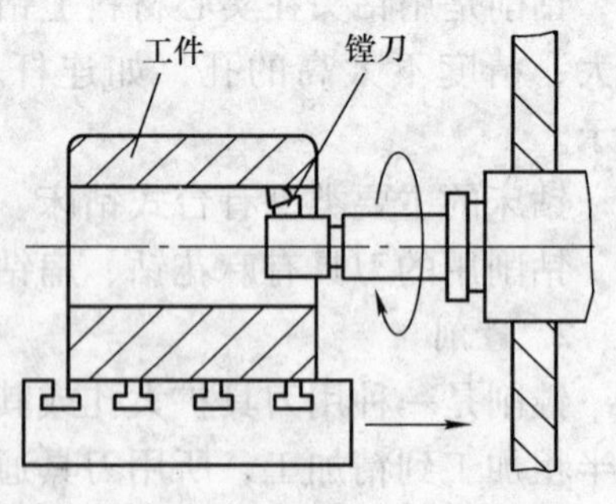

图 3-12　镗削

四、刨削与插削

1. 刨削

刨削是利用刨刀与工件在水平方向上的相对直线往复运动的切削加工方法，如图 3-13 所示。刨削可加工平面和沟槽，如果采用成形刨刀或加上仿形装置，也可以加工成形面。刨削可在牛头刨床或龙门刨床上进行。前者是刨刀作往复运动，每次回程后工件作间歇的进给运动，用于加工较小的工件；后者是工件作往复运动，每次回程后刨刀作间歇的进给运动，用于加工较长较大的工件。

2. 插削

插削是用插刀对工件作上下相对直线往复运动的切削加工方法，如图 3-14 所示。

插削与刨削类似，但插刀安装在插床滑枕下部的刀杆上，可以伸入工件的孔中作竖向往复运动，向下是工作行程，向上是回程。装夹在插床工作台上的工件在插刀每次回程后作间歇的进给运动。

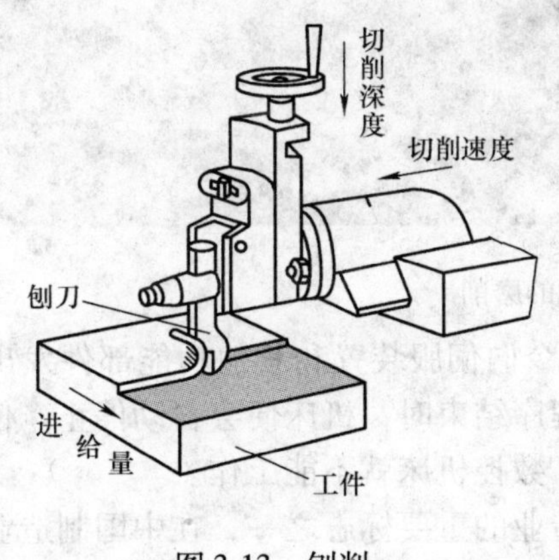

图 3-13　刨削

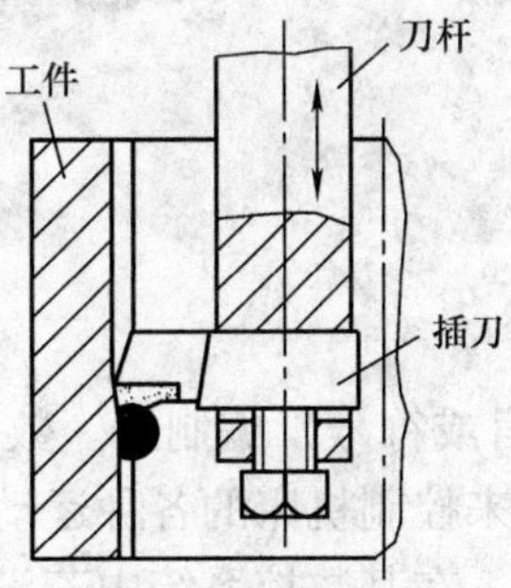

刀杆
工件
插刀

图 3-14　插削

五、磨削

磨削是利用高速旋转的砂轮等磨具加工工件表面的切削加工方法。磨削用于加工各种工件的内外圆柱面、圆锥面、平面，以及螺纹、齿轮和花键等复杂的成形表面。图 3-15 所示为凸轮轴的磨削。

由于磨粒的硬度很高，磨具具有自锐性，磨削可以用于加工各种材料，包括淬硬钢、高强度合金钢、硬质合金、玻璃、陶瓷和大理石等高硬度金属和非金属材料。常用的磨削形式有外圆磨削、内圆磨削、平面磨削、无心磨削和其他特殊形式的磨削。

六、数控加工

数控加工是指在数控机床上加工零件的一种工艺方法，数控机床加工与传统机床加工的工艺规程从总体上说是一致的，但也发生了明显的变化，数控机床与数控加工如图 3-16 所示。它是用数字信息控制零件和刀具位移的机械加工方法。它是解决零件品种多变、批量小、形状复杂、精度高等问题和实现高效化和自动化加工的有效途径。

数控机床是一种用计算机来控制的机床，不管是配有专用计算机、还是通用计算机的系统都统称为数控系统。数控机床的运动和辅助动作均受控于数控系统发出的指令。而数控系统的指令是由程序员根据工件的材质、加工要求、机床的特性和系统所规定的指令格式

图 3-15 凸轮轴的磨削

(数控语言或符号)编制的。数控系统根据程序指令向伺服装置和其他功能部件发出运行或中断信息来控制机床的各种运动。当零件的加工程序结束时，机床便会自动停止。任何一种数控机床，在其数控系统中若没有输入程序指令，数控机床就不能工作。

经过半个世纪的发展，数控机床已是现代制造业的重要标志之一，在中国制造业中，数控机床的应用也越来越广泛。数控车床是用数字程序控制车床的简称，它集通用性好的万能型车床、加工精度高的精密型车床和加工效率高的专用型车床的特点于一身，是国内使用量最大，覆盖面最广的一种数控机床。

a）

b）

图 3-16 数控机床与数控加工

a）数控车床 b）数控加工

第五节　装配与调整工艺概述

根据规定的技术要求，将零件或部件进行配合和连接，使之成为半成品或成品的过程，称为装配。机器的装配是机器制造过程中最后一个环节，它包括装配、调整、检验和试验等工作。装配过程使零件、套件、组件和部件间获得一定的相互位置关系，所以，装配过程也是一种工艺过程，如图 3-17 所示。

图 3-17　装配过程

即使是全部合格的零件，如果装配不当，往往也不能形成质量合格的产品。如果装配工作不符合技术要求，就会影响设备的正常运转、降低工作精度，导致能源消耗大、效率低、降低使用寿命，甚至造成事故，威胁操作者的人身安全。

简单的产品可由零件直接装配而成，而复杂的产品则须先将若干零件装配成部件，称为部件装配，然后将若干部件和另外一些零件装配成完整的产品，称为总装配。产品装配完成后需要进行各种检验和试验，以保证其装配质量和使用性能，有些重要的部件装配完成后还要进行测试。

一、装配方法

1. 完全互换法

配合零件公差之和小于或等于装配允许偏差，零件可完全互换。特点是操作方便，易于掌握，生产率高，便于组织流水作业。但此方法对零件的加工精度要求较高，费用大。该方法适合配合零件数较少，批量较大，零件采用经济加工精度制造的情况，如大量生产的汽车。

2. 选配法

将零件制造公差适当放大，装配前按比较严格的公差范围将零件分组，将对应的各组配合件进行装配。这样既能提高装配精度，又不增加零件的加工费用，适合配合精度要求较高的大批量生产或中批量生产，如滚动轴承的装配。

3. 修配法

在加工零件时，加工精度不必精确，可留有余量，在装配时进行修配，既能达到要求的精度，又缩减了加工时间，但会增加装配时间，常用于单件生产或小批量生产中，如混凝土搅拌机的生产等。

4. 调整法

装配时调整一个或几个零件的位置，以消除零件间的积累误差，达到装配的要求。如用不同尺寸的可换垫片、衬套、可调螺钉、镶条等进行调整。这种装配方法比较方便，在成批或单件生产中都可采用，但可能使部件的刚性降低，从而影响设备性能。

二、装配工作的步骤和内容

1. 装配前的准备工作

1）研究和熟悉装配图的技术条件，了解产品的结构和零件作用，以及连接关系。

2）确定装配的方法、程序和所需的工具。

3）领取和清洗零件。

2. 装配过程

（1）部件装配　将两个以上的零件按技术要求，用各种不同的方式连接起来，成为产品的一部分。

（2）总装配　把装配好的部件、组合件和一些零件组合成为产品的过程。

3. 调整试验

装配好的机械设备必须加以调整和试验。调整是为了协调各部分的相互作用及各个机构的工作，包括间隙调整、压力调整、位置与角度调整，以及其他涉及设备精度方面的数据测量或调整。

试验是为了确定设备工作的正确性和可靠性，包括空运行试验和负荷试验。

4. 涂漆盒保养

涂漆是为了防锈和外表美观。对于需要长途运输和暂时不用的设备精加工表面，要进行油封保养。

三、装配工艺规程

装配工艺规程规定了产品及部件的装配顺序、装配方法、装配技术要求、检验方法，以及装配所需的设备、工夹具、时间、定额等技术文件。

1. 制订装配工艺的基本原则及原始资料

合理安排装配顺序，尽量减少钳工装配工作量，缩短装配的装配周期，提高装配效率，保证装配线的产品质量，这一系列要求是制订装配工艺的基本原则。制订装配工艺的原始资料包括产品的验收技术标准、产品的生产纲领、现有生产条件等。

2. 装配工艺规程的内容

装配工艺规程的内容有：分析装配产品总装图，划分装配单元，确定各零部件的装配顺序及装配方法；确定装配线上各工序的装配技术要求、检验方法和检验工具；选择和设计在装配过程中所需的工具、夹具和专用设备；确定装配时零部件的运输方法及运输工具；确定装配线装配的时间定额。

3. **制订装配线工艺规程的步骤**

首先分析装配线上的产品原始资料，确定装配线的装配方法组织形式，然后划分装配单元，确定装配顺序；再划分装配工序，编制装配工艺文件；最后制订产品检测与试验规范。

第六节 非金属材料成型工艺概述

非金属材料是由非金属元素或化合物构成的材料。自19世纪以来，随着生产和科学技术的进步，尤其是无机化学和有机化学工业的发展，人类以天然的矿物、植物、石油等为原料，制造和合成了许多新型非金属材料，如水泥、人造石墨、特种陶瓷、合成橡胶、合成树脂、合成纤维等。这些非金属材料因具有各种优异的性能，为天然的非金属材料和某些金属材料所不及，从而在近代工业中的用途不断扩大，并迅速发展。

由于大多数的非金属材料的成型方法是通过“模”、“型”等工具得到型材或制品的，人们习惯称为成型。

许多非金属材料的成型方法，如塑料的注射、压塑、铸塑焊接等成型方法的工艺，实质上与金属的铸造、压力加工、焊接是相同或相近的。

一、塑料成型

塑料为合成的高分子化合物，也是一般所俗称的塑料或树脂，可以自由改变形体样式，是利用单体原料以合成或缩合反应聚合而成的材料，由合成树脂及填料、增塑剂、稳定剂、润滑剂、色料等添加剂组成。

塑料制品的生产主要由成型、机械加工、修配和装配等过程组成，其中成型是塑料制品生产中最主要的基本工序。

1. **注射成型**

注射成型的过程如图3-18所示，将颗粒状或粉状的塑料送进料斗中，加热料筒使塑料熔融塑化，使之成为粘流态，然后在柱塞或螺杆的高压推动下，以很大的流速通过料筒前端的喷嘴进入模腔中（低温闭合），经过一段时间保压、冷却、定型后开模，从模腔中脱出具有一定形状的塑料制品。

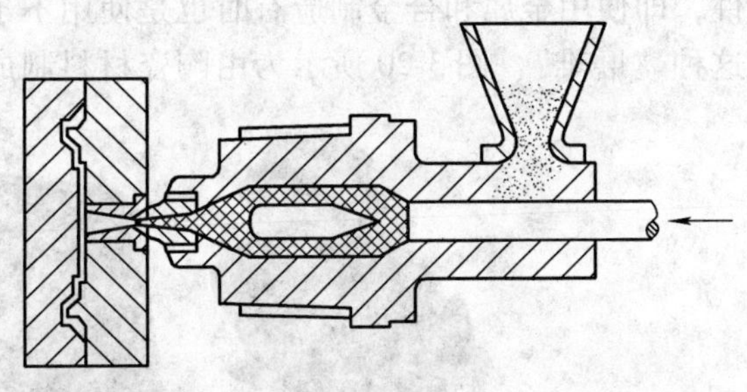

图3-18 注射成型的过程

2. **挤出成型**

挤出成型又叫挤塑，是借助螺杆和柱塞的挤压作用，使塑化均匀的塑料强行通过口模而成为具有恒定截面的连续制品的成型方法，如图3-19所示。

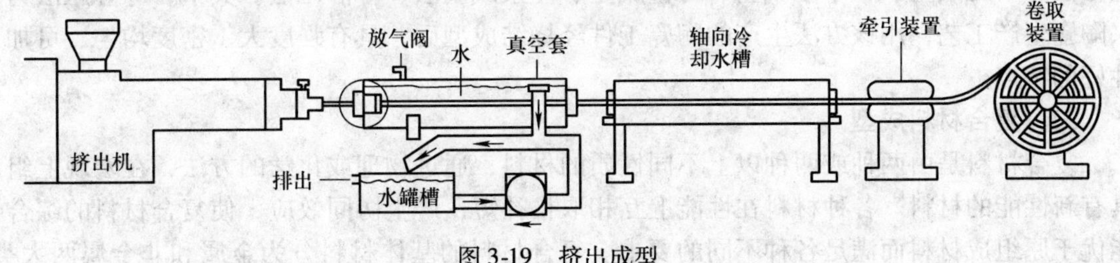

图3-19 挤出成型

3. 模压成型

模压成型（又称压制成型或压缩成型）是先将粉状、粒状或纤维状的塑料放入成型温度下的模具型腔中，然后闭模加压而使之成型并固化的作业。模压成型可兼用于热固性塑料、热塑性塑料和橡胶材料的加工。

4. 浇铸成型

早期的浇铸是在常压下将液态单体或预聚物注入模具内，经聚合而固化成型，变成与模具内腔形状相同的制品。20 世纪初，酚醛树脂最早用浇铸法成型，20 世纪 30 年代中期，人们用甲基丙烯酸甲酯的预聚物浇铸成了有机玻璃。第二次世界大战期间，开发了不饱和聚酯浇铸制品，其后又有环氧树脂浇铸制品，20 世纪 60 年代出现了尼龙单体浇铸。随着成型技术的发展，传统的浇铸概念有所改变，聚合物溶液、分散体（指聚氯乙烯糊）和熔体也可用于浇铸成型。用挤出机挤出熔融平膜，流延在冷却转鼓上定型，制得聚丙烯薄膜，被称为挤出-浇铸法。

5. 吹塑成型

吹塑成型主要指中空吹塑（又称吹塑、模塑），是借助于气体压力使闭合在模具中的热熔型坯吹胀形成中空制品的方法，是常用的塑料加工方法，同时也是发展得较快的一种塑料成型方法。吹塑用的模具只有凹模，与注塑成型相比，其设备造价较低、适应性较强、可成型性能好、可成型具有复杂起伏形状的制品。

二、陶瓷材料成型

机械工业中的一些密封件、轴承、刀具、球阀、缸套等都是频繁经受摩擦而易磨损的零件，即便用金属和合金制造有时也是使用不了多久就会损坏；而先进的陶瓷零件却能经受住这种“磨难”。图 3-20 所示为由陶瓷材料制成的刀具。

图 3-20　由陶瓷材料制成的刀具

制造陶瓷的过程是将配料做成规定的尺寸和形状，并具有一定机械强度的生坯。具体成型方法有干压成型、半干压成型、可塑成型、注浆成型法、等静压法。其中，等静压法为新兴陶瓷生产工艺，用该方法生产的陶瓷工件经烧结成型后，具有强度大、密度均匀、可加工性好的特点。

三、复合材料成型

复合材料是由两种或两种以上不同性质的材料，通过物理或化学的方法，在宏观上组成具有新性能的材料。各种材料在性能上互相取长补短，产生协同效应，使复合材料的综合性能优于原组成材料而满足各种不同的要求。复合材料的基体材料分为金属和非金属两大类，

常用的金属基体有铝、镁、铜、钛及其合金；非金属基体主要有合成树脂、橡胶、陶瓷、石墨、碳等。增强材料主要有玻璃纤维、碳纤维、硼纤维、芳纶纤维、碳化硅纤维、石棉纤维、晶须、金属丝和硬质细粒等。

复合材料的成型方法按基体材料不同而异。树脂基复合材料的成型方法较多，有手糊成型、喷射成型、纤维缠绕成型、模压成型、拉挤成型、RTM成型、热压罐成型、隔膜成型、迁移成型、反应注射成型、软膜膨胀成型、冲压成型等。金属基复合材料成型方法分为固相成型法和液相成型法，前者是在低于基体熔点温度下，通过施加压力实现成型，包括扩散焊接、粉末冶金、热轧、热拔、热等静压和爆炸焊接等；后者是将基体熔化后，充填到增强体材料中，包括传统铸造、真空吸铸、真空反压铸造、挤压铸造及喷铸等。陶瓷基复合材料的成型方法主要有固相烧结、化学气相浸渗成型、化学气相沉积成型等。图3-21为纤维增强环氧树脂复合材料成型。

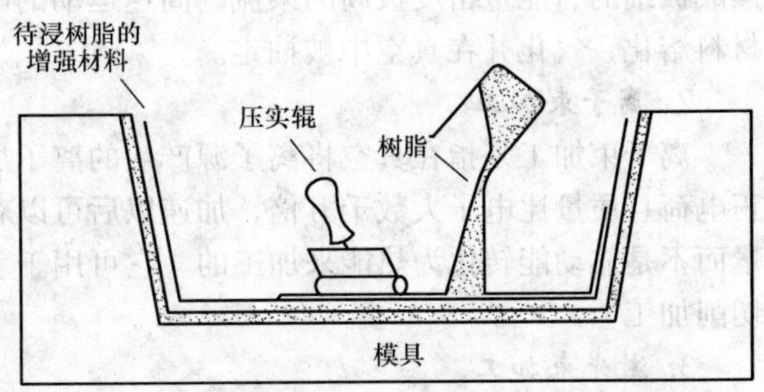

图3-21 纤维增强环氧树脂复合材料成型

第七节 新工艺、新技术和新材料简介

一、超精密加工

超精密加工目前就其质来说是要实现以现有普通精密加工手段达不到的高精度加工，就其量来说是要加工出亚微米乃至纳米级的形状与尺寸并获得纳米级的表面粗糙度。

1. 超精密切削加工

超精密切削加工的特点是采用金刚石刀具。金刚石刀具与非铁金属的亲和力小，其硬度、耐磨性以及导热性都非常优越，且能刃磨得非常锋利，可加工出优于 Ra 0.01μm 的表面粗糙度。超精密切削加工采用了高精度的基础元部件（如空气轴承、气浮导轨等）、高精度的定位检测元件（如光栅、激光检测系统等）以及高分辨率的微量进给机构。机床本身采取恒温、防振以及隔震等措施，还要有防止污染工件的装置。

2. 超精密磨削

超精密磨削技术是在一般精密磨削基础上发展起来的。超精密磨削不仅要达到镜面级的表面粗糙度，还要保证获得精确的几何形状和尺寸。为此，除了要考虑各种工艺因素外，还必须有高精度、高刚度以及高阻尼特征的基准部件，以消除各种动态误差的影响，并采取高精度检测手段和补偿手段。目前，超精密磨削的加工对象主要是玻璃、陶瓷等硬脆材料，磨削加工的目标是3～5nm的平滑表面，也就是通过磨削加工而不需抛光即可达到要求的表面粗糙度。作为纳米级磨削加工，要求机床具有高精度及高刚度，脆性材料可进行可延性磨削。纳米级磨削技术特别是对于要求高疲劳强度的材料（如飞机的喷气发动机涡轮用的陶瓷材料）的加工，是重要而有效的加工技术。

3. 超精密研磨

超精密研磨包括机械研磨、化学机械研磨、浮动研磨、弹性发射加工以及磁力研磨等加工方法。

二、超精密特种加工

1. 电子束加工

电子束加工是指在真空中将阴极（电子枪）不断发射出来的负电子向正极加速，并聚焦成极细的、能量密度极高的束流，高速运动的电子撞击到工件表面，动能转化为热能，使材料熔化、气化并在真空中被抽走。

2. 离子束加工

离子束加工是指在真空将离子源产生的离子加速、聚焦使之撞击工件表面。由于离子带正电荷且质量比电子大数千万倍，加速以后可以获得更大的动能，它是靠微观的机械撞击能量而不是靠动能转化为热能来加工的。它可用于表面刻蚀、超净清洗，实现原子、分子级的切削加工。

3. 激光束加工

激光束加工是指由激光发生器将高能量密度的激光进一步聚焦后照射到工件表面，光能被吸收瞬时转化为热能。根据能量密度的高低，可实现打孔、精密切割、加工精微防伪标志等。

4. 微细电火花加工

电火花加工是指在绝缘的工作液中通过工具电极和工件间脉冲火花放电产生的瞬时局部高温来熔化和气化去除金属的。加工过程中，工具与工件间没有宏观的切削力，只要精密地控制单个脉冲放电能量并配合精密微量进给，就可实现极微细的金属材料的去除，可加工微细轴、孔、窄缝、平面以及曲面等。

5. 微细电解加工

在导电的工作液中，水电离为氢离子和氢氧根离子，工件作为阳极，其表面的金属原子成为金属正离子溶入电解液而被逐层地电解下来，随后即与电解液中的氢氧根离子发生反应形成金属氢氧化物沉淀。而工具阴极并不损耗，加工过程中工具与工件间也不存在宏观的切削力，只要精细地控制电流密度和电解部位，就可实现纳米级精度的电解加工，而且表面不会产生加工应力。微细电解加工常用于镜面抛光、精密减薄以及一些需要无应力加工的场合。

6. 复合加工

复合加工是指采用几种不同能量形式、几种不同的工艺方法，互相取长补短、复合作用的加工技术。例如，电解研磨、超声电解加工、超声电解研磨、超声电火花加工、超声切削加工等，可比单一加工方法更有效，适用范围更广。

三、纳米加工技术

纳米加工技术在纳米技术的各领域中起着关键作用。纳米加工技术包含机械加工、化学腐蚀、能量束加工以及 STM 加工等许多方法。

1. 超精密机械加工技术

超精密机械加工方法有单点金刚石和 CBN 超精密切削、金刚石和 CBN 超精密磨削等多点磨削加工，以及研磨、抛光、弹性发射加工等自由磨料加工或机械化学复合加工等。

目前，利用单点金刚石超精密切削加工已在实验室得到了 3nm 长的切屑，利用可延性磨削技术也实现了纳米级磨削，而通过弹性发射加工等工艺则可以实现亚纳米级的去除，得到埃级的表面粗糙度。

2. 能量束加工技术

能量束加工可以对被加工对象进行除、添加和表面处理等工艺，主要包括离子束加工、电子束加工和光束加工等。此外，电解射流加工、电火花加工、电化学加工、分子束外延、物理和化学气相淀积等也属于能量束加工。

3. LIGA 技术

LIGA（Lithographie，Galanoformung，Abformung）工艺是由深层同步辐射 X 射线光刻、电铸成型、注射成型等技术组合而成的综合性技术。用 LIGA 技术可以制作各种微器件、微装置，已研制成功或正在研制的 LIGA 产品有微传感器、微电动机、微机械零件、集成光学和微光学元件、微波元件、真空电子元件、微型医疗器械、纳米技术元件及系统等。

LIGA 产品的应用涉及面广泛，如加工技术、测量技术、自动化技术、汽车及交通技术、电力及能源技术、航空及航天技术、纺织技术、精密工程及光学、微电子学、生物医学、环境科学和化学工程等。

四、机械制造中使用的新材料

1. 超细硬质合金

自硬质合金问世以来，硬度和强度之间一直是一对“不可调和的矛盾”，随着先进制造技术的飞速发展，两者已经很好地结合起来了。当 WC 晶粒减小到亚微米以下时，硬质合金的耐磨性、强度和硬度均获得了提高。

超细硬质合金在具有高硬度、高耐磨性的同时，还具有高的强度和韧性，并且可以稳定进行规模化批量生产，非常适合现代制造技术对高性能刀具材料的技术要求，正广泛用于汽车制造、航天航空、模具制造、电子信息等高精度切削加工领域。

2. 金刚石膜

金刚石的硬度在固体材料中最高，达 HV100GPa，热导率为 100W/(cm·K)，为铜的 5 倍，禁带宽度为 6.6～8.0eV，室温电阻率高达 1 016Ω·cm，通过掺杂可以形成半导体材料。金刚石在从紫外到红外广阔频带里都有很高的光学透射率，它还是一种优良的耐腐蚀材料。

金刚石膜具有硬度高、耐磨损、摩擦系数小、导热性好等特点，是制造非铁金属和非金属材料刀具的理想材料。

3. 纳米颗粒型材料

应用时直接使用纳米颗粒的形态称为纳米颗粒型材料。被称为第四代催化剂的超微颗粒催化剂，利用极高的比表面积与活性可以显著地提高催化效率。例如，以粒径小于 0.3μm 的镍和钢-锌合金的超微颗粒为主要成分制成的催化剂，可使有机物氯化的效率达到传统镍催化剂的 10 倍；超细的铁微粒作为催化剂可以在低温下将二氧化碳分解为碳和水；超细铁粉可在苯气相热分解中起成核作用，从而生成碳纤维。

4. 钕铁硼永磁材料

1983 年，日本住友金属公司首次发明了钕铁硼永磁，由于它具有高的剩磁，高的矫顽力以及高的磁能积，且具有良好的动态回复特性，因而迅速在世界范围内掀起一股开发研究热潮。特别是美国、日本等近年来在该领域投入了大量的人力、物力和财力，使钕铁硼永磁的开发和应用得到了超常规的发展。欧洲共同体拨专款研制钕铁硼永磁材料，特别是在钕铁硼的生产制造工艺上，不断取得新的突破。钕铁硼永磁的应用，已涉及国民经济的各个领域，特别是在计算机工业、信息工业、汽车工业、核磁共振成像工业、CD-ROM和DVD等音像行业方面都有着广泛的应用前景。钕铁硼永磁的开发和应用，已成为一项跨世纪的朝阳工业。

第八节　工业企业车间生产类型和生产性质

车间，是企业的基层生产行政管理单位，它在企业里完成生产过程中若干工序或单独生产某种产品，为企业经营提供最基本的物质基础，是企业组织结构中最为重要的生产环节。车间由若干个工段、生产班组和一定数量的生产工人组成。企业的经营决策，要通过车间具体落实到全体员工中贯彻实施；企业对外经营的产品，要通过车间具体组织生产工人制造完成；企业的经济效益，要通过车间精心组织生产和管理，努力提高产品质量，大力节能降耗，降低生产成本，以获得投入产出的最大成果；企业的和谐环境，要通过车间深入细致的工作得以有效实现。

一、生产类型

生产类型是指企业依据其产品的特点、生产计划或销售方式等自身的特点，所确立的一种或几种生产的方式。

1. 按工艺特性分类

（1）加工装配型生产　产品是由离散的零部件装配而成的，物料运动呈离散状态，生产特点是工艺过程的离散性，如机床、汽车、家具、电子设备、服装的制造。

（2）流程型生产　生产过程中物料是均匀而连续的按一定工艺顺序运动的，生产特点是工艺过程的连续性，如化工、炼油、冶金、食品、造纸等。

2. 按组织生产特点分类

（1）备货型生产　在没有接到用户订单时按已有的标准产品或产品系列进行生产，目的是为了补充库存，例如轴承、紧固件、小型电动机等产品的生产。

（2）订货型生产　按用户的订单进行生产，例如锅炉、船舶、机车等的生产。

3. 按产品专业化程度分类

（1）大量生产　产品品种少、产量大，生产条件稳定，生产的产品长期重复。一般采用大量生产的产品都属于社会和市场需要量大、用途广和通用性强的产品，如汽车、标准件、家用电器等。

（2）成批生产　产品品种相对较多，每个品种有一定的生产量，具有一定的稳定性和重复性。根据产品产量的大小，又可分为大批生产、中批生产和小批生产三种类型。大批生产产量较大，品种较少，生产稳定，专业化程度较高，接近大量生产；小批生产产量小，品种多，生产稳定性和专业化程度都不高，接近单件生产。

（3）单件生产　产品品种繁多，每个产品只生产一件或几件，很少重复生产，生产条件不稳定。

二、车间的生产性质

机械加工车间和装配车间的生产性质取决于企业产品类型和年产量。根据车间生产零件的质量，车间可分为轻型、中型、重型和特重型四种。按零件的产量，车间可分为单件生产、小批生产、中批生产和大批大量生产四种性质。在产量大、产品单一的情况下，可单独

设立流水线生产或自动生产的车间。按照车间内安装的金属切削机床数量，又可分为大、中、小型三类规模的车间，见表 3-1。

表 3-1　车间的生产性质

生产类型	同类零件的年产量（件）		
	重型（零件质量大于 2000kg）	中型（零件质量 100～200kg）	轻型（零件质量小于 100kg）
单件生产	<5	<10	<100
小批生产	5～100	10～200	100～500
中批生产	100～300	200～500	500～5000
大批生产	300～1000	500～5000	5000～50000
大量生产	>1000	>5000	>50000

三、车间组成

机械加工和装配可以分别成立单独的车间，也可合并成为按产品类型划分的综合生产车间。车间的基本组成是生产部门和辅助部门。

车间的生产部门往往由几个生产工部或工段组成，它们是根据车间的生产性质、生产类别、零件产品的特点来划分的。

车间的辅助部门包括工具、修理、检验计量、仓库、切削液准备等部门。

此外，每个车间或厂房会适当设立办公室和生活间，一般有车间或各部门的办公室、技术资料室、卫生间和更衣室等。

四、车间设备

车间所采用的设备，按用途可分为生产设备、辅助设备和起重运输设备三类。生产设备是产品零件机械加工和装配所必需的设备。在机械加工车间中，生产设备又可分为主要生产设备（如金属切削机床）和其他生产设备（如压床、清洗机、平衡机、探伤机和去磁机等）。辅助设备指车间各辅助部门中所用的设备。起重运输设备是指车间内各种平板车、电瓶车和运输机等。

【能力训练】

一、填空题

1.（　　）是制造出来的，不是检验出来的。

2.（　　）接受缺陷、（　　）制造缺陷、（　　）传递缺陷。

3.（　　）过程是每个工业企业最基本的活动过程。

4. 生产过程的空间组织是指企业内部各生产阶段和生产单位的组织和空间（　　）。

5. 生产过程的时间组织是指产品在生产过程各工序之间的（　　）。

6. 金属材料一般从（　　）中提取，往往涉及冶炼过程。

7.（　　）通常包括铸造、锻造、轧制、粉末冶金和热处理等工艺，有时也将焊接、热切割、热喷涂等工艺包括在内。

8.（　　）通常指金属的切削加工。

二、判断题

1. 铸造是热加工。 (　　)

2. 车削是热加工。 (　　)

三、简答题

1. 生产过程的要素结构有哪几方面?

2. 生产过程的组成有哪几方面?

第四章

企业安全生产教育

学习目标

1. 掌握企业安全生产的重要意义
2. 掌握安全生产的主要法规
3. 掌握安全生产的基础知识
4. 掌握触电事故、火灾事故、危险化学品伤害事故、机械伤人事故及交通肇事事故等的应急处理办法

安全是员工的生命线
员工是安全的负责人

安全就是避免人员伤亡、职业病、设备损坏、财产损失或破坏所应具备的条件。

安全生产也叫劳动安全，是指生产过程中在符合安全要求的物质条件和工作秩序下进行生产，防止人员和设备事故及各种灾害的发生，保障劳动者的劳动安全、健康和生产作业的正常进行而采取的各种措施和活动。劳动安全的实质是劳动保护。

第一节　安全思想教育

一、企业安全生产教育的重要意义

安全生产关系人民群众的生命财产安全，关系改革发展稳定大局。高度重视和切实抓好安全生产工作，是坚持立党为公，执政为民的必然要求；是贯彻落实科学发展观的必然要求；是实现好、维护好、发展好最广大人民的根本利益的必然要求；是构建社会主义和谐社会的必然要求。营造一个安全、和谐的工作环境，需要全社会的共同努力。企业安全生产教育的意义具体体现在以下几方面：

1. 国家法律法规的要求

《中华人民共和国劳动法》第五十二条规定：用人单位必须对劳动者进行安全卫生教育。安全教育是指对职工进行劳动安全卫生政策和专业安全知识等方面的教育。安全教育是劳动安全卫生工作的一项重要内容。通过安全教育，使职工熟悉和掌握劳动安全卫生法规和安全生产方面的技术知识，树立安全生产的思想。

2. 企业生存发展的需求

生产劳动是人类赖以生存和发展的必要条件。在生产劳动中，必然存在着各种不安全、不卫生的因素，如果不加以保护、控制，就随时可能发生人身伤亡事故或职业病，造成人身伤害并影响生产的正常进行。所以，生产必须要安全，这是现代工业发展的客观要求。多年的生产实践证明：安全必然促进生产。所以，安全与生产的关系就是“生产必须安全，安全促进生产”。

3. 员工自我保护的需要

在生产工程中保护员工的安全与健康，是我们党和国家的一项重要政策，是我们企业管理的基本原则。每个员工要自觉学习安全生产知识，学习安全生产法律法规，遵守企业安全规程，从而有效保护自身安全，维护自身的劳动权益。

二、造成安全生产事故的主要原因

1. 安全生产意识淡薄

当你跨入企业的大门，成为企业的一员时，就应遵守厂规厂纪。但是许多中职毕业生进入工厂后虽经过安全教育和安全考核，但由于缺乏工作实践，对安全生产的认识较差，认为最重要的是学技术，掌握生产技术才是硬本领，对学习安全生产知识则很不重视。有些人总是抱着侥幸心理，认为伤亡事故离自己十分遥远，不会落到自己头上；但是血的教训告诉我们，安全生产意识淡薄是最大的隐患。

2. 未经培训上岗

有的生产经营单位招聘了职工后，不进行工厂、车间、班组三级安全教育。职工未经安全生产、劳动保护培训就上岗操作，缺乏最基本的安全生产常识，冒险蛮干，违章作业，一旦发生事故，则惊慌失措，手忙脚乱，不知采取什么措施，往往因此酿成悲剧。

3. 违反安全生产规章制度

1）企业的安全生产规章制度是企业规章制度的一部分，是建立现代企业制度的重要内容。在企业中，上至厂长、经理，下至一线工人都必须遵守，尤其是新员工更应该注意。新员工来到一个新的陌生环境，往往在好奇心的驱使下忘记了企业的安全生产规章制度，对什么东西都想动一动、摸一摸，殊不知往往就因此而酿成了工伤事故，使自己受到伤害，或者伤害了他人。

2）企业的安全生产规章制度必须落实到车间、班组，必须落实到作业现场及每一个作业岗位。如果安全生产规章制度不落实，劳动环境就会存在以下不安全状态：

①缺少防护、保险、信号等装置或有缺陷。

②设备、设施、工具、附件有缺陷。结构不合安全要求，通道门遮挡视线，制动装置有缺陷，安全间距不够，拦车网有缺陷，工件有锋利毛刺、飞边，设施上有锋利倒棱。

③强度不够。机械强度和绝缘强度不够，起吊重物的绳索不合安全要求。

④设备在非正常状态下运行，带“病”或超负荷运转。

⑤维修、调整不当，设备失修，地面不平，保养不当，设备失灵。

⑥缺少个人防护用品、用具或有缺陷。

⑦生产（施工）场地环境不良。照明光线环境不良，照度不足，作业场地烟尘弥漫，视野不清，或光线过强。通风不良，风流短路，停电停风时放炮作业，瓦斯排放未达到安全浓度时放炮作业，瓦斯浓度超限。作业场所狭窄、作业场地杂乱，工具、制品、材料堆放不安全；采伐时，未开“安全道”。

⑧交通线路的配置不安全，操作工序设计或配置不安全；地面滑，地面有油或其他液体，冰雪覆盖，地面有其他易滑物。

4. 违反劳动纪律

一支不受铁的纪律约束的军队，是一支没有战斗力的军队；一个不以严格的纪律要求员工队伍的企业，是一个缺乏市场竞争力的企业。血的教训一再告诉我们，一名不遵守劳动纪律的员工，往往就是一起重大伤亡事故的责任者。违反劳动纪律的主要表现如下：

1）上班前饮酒，甚至上班时饮酒。

2）上班无故迟到，下班早退溜号。

3）工作时间开玩笑，嬉戏打闹。

4）不按规定穿戴工作服和个人防护用品。

5）在禁烟区随意吸烟，乱扔烟头。

6）不坚守岗位，随意串岗聊天。

7）业余生活无规律，上班时无精打采。

8）工作时不全神贯注，思想走神开小差。

9）上夜班时偷偷睡觉。

10）不服从上级正确调度指挥，自作主张随意更改规程。

11）无视纪律，自由散漫，上班时间吊儿郎当。

5. 违反安全操作规程

安全操作规程是人们在长期的生产劳动实践中，以血的代价换来的科学经验总结，是员工在生产操作中不得违反的安全生产技术规程。员工在生产劳动中如果不遵守安全操作规程，后果将十分严重，轻则受伤，重则丧命。对此，每个员工都不可掉以轻心。

违反安全操作规程的主要表现如下：

1）操作错误、忽视安全、忽视警告。未经许可或未给信号就开动、关停、移动机器，开关未锁紧，造成意外转动、通电或漏电等，忘记关闭设备，忽视警告标记，奔跑作业，供料或送料速度过快，手伸进冲压模，工件紧固不牢，用压缩空气吹切屑等。

2）拆除或错误调整安全装置，造成安全装置失效。

3）临时使用不牢固的设施，使用无安全装置的设备。

4）用手代替手动工具，用手清除切屑，不用夹具固定、用手拿工件进行切削加工，物体（指成品、半成品、材料、工具、切屑和生产用品等）存放不当。

5）冒险进入危险场所。冒险进入涵洞，接近漏料处，无安全设施；采伐、集材、运材、装车时，未离开危险区；未经安全监察人员允许就进入油罐或井中；未“敲帮问顶”，就开始矿井作业；在易燃易爆场合动用明火；私自搭乘矿车；在绞车道行走，未及时观望。

6）攀、坐不安全位置（如平台护栏、汽车挡板、吊车吊钩），在起吊物下作业、停留，机器运转时加油、修理、调整、焊接、清扫等，有分散注意力的行为。

7）在必须使用个人防护用品用具的作业或场合中忽视其作用。未戴护目镜或面罩，未戴防护手套，未穿安全鞋，未戴安全帽，未戴呼吸护具，未佩戴安全带。

8）不安全装束。在有旋转零件的设备旁作业时，穿过于肥大的服装，操纵带有旋转部件的设备时戴手套。

三、事故案例及分析

【案例1】 一起触电事故的分析与思考

2000年7月10日，河南省某化工厂发生一起触电事故，1名工人脚踏在电动缝包机的电缆线接头上，被电击跳起1m左右，重重摔倒，经抢救未造成死亡事故。

1. 事故经过

2000年7月10日上午，21岁的临时工韩某与其他3名工人进行化工产品的包装作业。10点钟，班长让韩某去取塑料编织袋。韩某回来时一脚踏在了盘在地上的电缆线上，触电摔倒。在场的其他工人急忙拽断电缆线，拉下刀开关，一边按压韩某胸部，一边报告领导一边打120急救电话。待急救车赶到开始抢救时，韩某出现昏迷、呼吸困难、脸及嘴唇发紫、血压忽高忽低等症状。现场抢救20分钟，待稍有好转后送去医院继续抢救。住院特护12天，一般护理3天后病情稳定出院。

2. 事故原因

安全管理人员得到通知后，立即赶到现场，并对事故现场进行了保护。现场调查发现：

1）电动缝包机的电缆线长约20m，由3种不同规格的电缆线拼接而成，而且线头包裹不严密。检查电缆线的质量发现，均属伪劣产品。

2）事故现场未见触电保安器。

3）当时因阴雨连绵，加上该化工产品吸水性较强，电缆潮湿，又由于韩某脚上布鞋被水浸透，布鞋的对地电阻实际等于零。

3. 事故的思考

1）根据以上的事故调查情况，调查人员对该车间主任及部门职工进行询问得知，早已上报电缆更换及触电保安器配置的计划，但被领导答复为“没钱”而未及时整改，也未采取有效措施实施监控，一拖再拖，由事故隐患变成事故。

2）分析当时的情况，如果安装有可靠的触电保安器，在电缆潮湿的情况下，触电保安器的开关可能根本无法闭合，也就不可能发生这起事故。即使开关能勉强闭合，湿透的脚踏到线头上，触电保安器的动作电流肯定会超过数倍而断电。

3）事故发生后，该车间进行了认真的整改，更新了电缆，配置了触电保安器，科学地安排了线路，仅仅投资 150 元。

【案例 2】　广东“98.7.13”机械伤害事故

1. 事故概况及经过

1998 年 7 月 13 日，广东某选矿厂中班负责 3 号钢带岗位的操作工冯某、雷某（女）两人 15 点 30 分准时上班。至 22 点 55 分，两人开始铲矿，清理场地和人行道上的积矿。冯某负责非人行道上的积矿，与雷某距离约 18m。事故发生时，3 号钢芯连接带机头处只有冯某一人。因非人行道的积矿较少，人行道的积矿较多，冯某铲完非人行道上的积矿后，准备到人行道继续作业。为了贪图方便，冯某拿着 1.8m 长的铁铲，违章穿越正在以 2m/s 速度运行的 3 号钢芯连接带，即从 3 号钢芯连接带张紧轮与已停用的 13 号连接带间的只有 0.54m 宽、1.24m 高的空间弯腰穿过。当冯某正在穿越时，一不小心，手里的铁铲触到了运行中的连接带，铁铲和人一起被卷入张紧轮。铁铲木柄随即被折断成三段，而冯某的头部顶着张紧轮外的支架，被卷入高速运转的连接带中。23 点 05 分，雷某突然听到 3 号机头处“啪”的一声响，此时该连接带正好到点，按调度指令正常停机。雷某立即赶到发出响声的机头处，发现被折断的铁铲木柄，同时发现冯某已被压在张紧轮下。雷某马上找来当班的副班长到现场查看，发现冯某已死亡。

2. 事故原因分析

1）冯某拿着长柄铁铲，违章穿越正在运行的连接带，是造成这次事故的直接原因。

2）冯某安全意识淡薄，自我保护意识不强，违反钢芯连接带工安全操作规程中关于“严禁跨越连接带”“在设备运行中的场所打扫卫生时，必须注意设备和人身的安全”的规定。自以为经验丰富，不会出问题，抱着侥幸心理，拿着长柄的铁铲违章穿越运行中的钢芯连接带，严重违反操作规程，是导致事故的主要原因。

3）在管理上缺乏对事故的预见性，没有从深层次去加强防护设施，提高设备的本质安全水平，是这次事故在管理上的原因。

4）安全教育方面还有差距，是造成这次事故在管理上的另一个原因。

3. 防治同类事故的措施

该企业现场存在较多的皮带传送设备，调查人员认为需采取以下防范措施：

1）在连接带传送设备旁设置警示标志或标语。

2）加强职工的安全生产教育。

3）采取必要的防护措施。

【案例 3】　擅自上机操作伤害自己

1. 事故经过

2000 年 11 月 28 日，河南省某化肥厂机修车间因全厂设备检修，加工备件较多，工作量大，人员又少，工段长派女青工宋某到钻床协助主操作工干活，在长 3m、直径为 ϕ75mm 的不锈钢管上钻 ϕ50mm 的圆孔。

10 点许，宋某在主操作工上厕所的情况下，独自开床操作，并将手动进刀改用自动进刀。因钢管是半圆弧形，切削力矩大，产生向上的冲力，加之台虎钳紧固不牢，当孔钻到 2/3 时，钢管迅速向上移动而脱离台虎钳，造成钻头和钢管一起作 360° 高速旋转。钢管先将现场一长靠背椅打翻，后打到宋某臀部并使之跌倒。宋某头部被撞伤破裂出血，缝合 5 针，骨盆严重受伤。

2. 事故原因分析

事故发生后，厂领导高度重视，将宋某送医院进行治疗。工厂安全委员会组织安环处、劳资处、机修车间成立事故调查小组，对现场工作环境进行查看，并召开事故分析会，查清事故原因。

1）造成事故的主要原因是宋某违反了企业关于“不是自己分管的设备，工具不擅自动用”的规定。在对生产设备不熟悉的情况下，擅自操作导致事故发生。

2）宋某参加工作时间较短，缺乏钻床工作经验，对钻床安全操作规程不熟：

①应用手动进刀，不该改用自动进刀。

②工件与钢管紧固螺栓方位不对，工件未夹紧。

③宋某在工作中安全观念淡薄，自我防范意识不强。

3. 事故防范措施

1）本着对事故“四不放过”的原则，工厂安全委员会和机修车间及时组织员工，进行事故案例现场教育。

2）钻床操作人员必须经过专业技能安全培训，掌握一定操作技能，才能上机操作。

3）工件与夹具应用扳手或专用工具紧固，操作人员必须严格按照钻床安全操作规程操作。

4）工段长在派人更换岗位工种时，应首先交代本岗位安全操作注意事项，特别是参加工作较短的青工。

第二节　法规政策教育

安全生产是一个系统工程，需要建立在各种支持基础之上，而安全生产的法规体系尤为重要。按照“安全第一，预防为主”的安全生产方针，国家制定了一系列的安全生产、劳动保护的法律法规。据统计，建国 60 年来，颁布并在用的有关安全生产、劳动保护的主要法律法规约 280 余项，内容包括综合类、安全卫生类、三同时类、伤亡事故类、女工和未成年工保护类、职业培训考核类、特种设备类、防护用品类和检测检验类。其中以法律条文的形式出现，对安全生产、劳动保护具有十分重要作用的是《中华人民共和国安全生产法》（2002 年 11 月 1 施行）、《中华人民共和国矿山安全法》（1993 年 5 月 1 日施行）、《中华人民共和国劳动法》（1995 年 1 月 1 施行）、《中华人民共和国职业病防治法》（2002 年 5 月 1 施行），与此同时，国家还制定和颁布了数百余项安全卫生方面的国家标准。

一、生产经营单位主要负责人的安全生产职责

生产经营单位主要负责人对本单位安全生产工作负有下列责任：

1）建立、健全本单位安全生产责任制。

2）组织制订本单位安全生产规章制度和操作规程。

3）保证本单位安全生产投入的有效实施。

4）督促、检查本单位的安全生产工作，及时消除生产安全事故隐患。

5）组织制订并实施本单位的生产安全事故应急救援预案。

6）及时、如实报告生产安全事故。

二、从业人员的权利和义务

1. 从业人员的权利

（1）劳动合同保障权　生产经营单位与从业人员订立的《劳动合同》应载明有关从业人员劳动安全、防止职业危害的事项，以及依法为从业人员办理工伤保险的事项。

（2）危险、有害因素的知情权和建议权　生产经营单位的从业人员有权了解其作业场所和工作岗位存在的危险因素、防范措施及事故应急措施，有权对本单位的安全生产工作提出建议。

（3）批评、检举、控告权　从业人员有权对本单位安全生产工作中存在的问题提出批评、检举、控告。生产经营单位不得因此降低其工资、福利等待遇或者解除与之订立的劳动合同。

（4）违章指挥、强令冒险作业的拒绝权　从业人员对生产经营单位违反法规、强制性国家标准和安全生产规章制度的指挥、指令以及强令冒险作业等，有权拒绝执行。

（5）紧急情况下停止作业的紧急避险权　从业人员发现直接危及人身安全的紧急情况时，有权停止作业，并在采取可能的应急措施后从作业场所撤离。

（6）事故人身伤害赔偿权　因生产安全事故受到损害的从业人员，除依法享有工伤社会保险外，依照有关民事法律尚有获得赔偿权利的，有权向本单位提出赔偿要求。

（7）获得符合标准的劳动防护用品的权利　生产经营单位必须为从业人员提供符合国家标准或行业标准的劳动防护用品，并监督、教育从业人员按照使用规则佩戴和使用。

（8）获得安全教育和培训的权利　生产经营单位应当对从业人员进行安全生产教育和培训，保证从业人员具备必要的安全知识，熟悉有关安全生产规章制度和操作规程，掌握本岗位的安全操作技能。

2. 从业人员的安全生产义务

1）自律遵规的义务。即从业人员在作业过程中，应当遵守本单位的安全生产规章制度和操作规程，服从管理，正确佩戴和使用劳动防护用品。

2）自觉学习安全生产知识的义务。努力掌握本职工作所需的安全生产知识，提高安全生产技能，增强事故预防和应急处理能力。

3）危险报告义务。即发现事故隐患或者其他不安全因素时，应当立即向现场安全管理人员或者本单位负责人报告。

3. 特种作业人员必须持证上岗

特种作业是指直接从事容易发生人员伤亡事故，对操作者本人、他人及周围设施的安全可能造成重大危害的作业。

根据国家安全生产监督管理总局颁布的《安全生产培训管理办法》和《生产经营单位安全培训规定》，电工作业、焊割作业、剪切冲压、厂内驾驶、登高架设作业、高空悬挂作业、起重作业、制冷作业、矿山作业等高危作业为特种作业。

特种作业人员需经专业培训机构进行专门的安全培训教育，并经安监部门考核合格取得特种作业人员操作证后方可上岗作业。未取得特种作业人员操作证的人员一律不得从事特种作业。

对特种作业人员的基本要求：

1）年满 18 周岁，初中及以上文化程度。

2）经县级以上医院体检合格，无妨碍从事相应特种作业的疾病和生理缺陷。

3）按上岗要求的技术业务理论和实际操作技能考核成绩合格。

4）符合相应特种作业需要的其他条件。

4. 职业病

职业病，是指企业、事业单位和个体组织（用人单位）的劳动者在职业活动中，因接触粉尘、放射性物质和其他有毒、有害物质等因素而引起的疾病。

（1）用人单位应当履行的职业病防治义务 《中华人民共和国职业病防治法》于 2001 年 10 月 27 日经第九届全国人民代表大会常务委员会第二十四次会议通过，自 2002 年 5 月 1 日起施行。其中对用人单位有明确要求，第四条规定：劳动者依法享有职业卫生保护的权利。用人单位应当为劳动者创造符合国家职业卫生标准和卫生要求的工作环境和条件，并采取措施保障劳动者获得职业卫生保护。第五条规定；用人单位应当建立、健全职业病防治责任制，加强对职业病防治的管理，提高职业病防治水平，对本单位产生的职业病危害承担责任。

（2）劳动者在职业卫生方面的权利和义务

1）劳动者的权利

① 获得职业卫生教育和培训。

② 获得职业健康检查、职业病诊疗、康复等职业病防治服务。

③ 了解工作场所产生或者可能产生的职业病、危害因素、危害后果和应当采取的职业病防护措施。

④ 要求用人单位提供符合防治职业病要求的职业病防护措施和个人使用的职业病防护用品，改善工作条件。

⑤ 对违反职业病防治法律、法规以及危及生产健康的行为提出批评、检举和控告。

⑥ 拒绝违章指挥和强令进行没有职业病防护措施的作业。

⑦ 参与用人单位职业卫生工作的民主管理，对职业病防治工作提出意见和建议。

2）劳动者的义务

① 自觉学习职业卫生知识的义务。

② 自律遵规的义务：遵守职业病防治法律、法规和操作规程，正确使用和维护职业病防护用品。

③ 报告职业病危害事故隐患的义务。

第三节　安全生产基础知识教育

一、企业生产事故预防

1. 电气事故的预防

1）电气操作属特种作业，操作人员必须经培训合格后持证上岗。

2）车间内的电气设备不得随便乱动。如果电气设备出了故障，应请电工修理，不得擅自修理，更不得带故障运行。

3）经常接触和使用的配电箱、配电板、刀开关、按钮、插座、插销以及导线等，必须保持完好，安全可靠，不得有破损或带有部分裸露现象。

4）在操作刀开关、磁力开关时，必须将盖子盖好。

5）电气设备的外壳应按有关安全规程进行防护性接地或接零。

6）使用手电钻、电砂轮等手持电动工具时，必须做到以下几点：

①安装漏电保安器，同时工具的金属外壳应防护接地或接零。

②当使用单相手持电动工具时，其导线、插销、插座应符合单相三孔的要求；使用三相的手持电动工具，其导线、插销、插座应符合三相四孔的要求。

③操作时应戴绝缘手套，穿绝缘鞋并站在绝缘板上。

④不得将工件等重物压在导线上，以防止轧断导线发生触电。

7）使用的行灯要有良好的绝缘手柄和金属护罩。

8）在进行电气作业时，要严格遵守安全操作规程，遇到不清楚或不懂的事情，切不可不懂装懂，盲目乱动。

9）一般禁止使用临时线。必须使用时，应经过主管部门或安技部门批准，并采取安全防范措施，要按规定时间拆除。

10）移动某些非固定安装的电气设备，如电风扇、照明灯、电焊机等时，必须先切断电源。

11）在雷雨天，要距离高压电线杆、铁塔、避雷针的接地导线20m以外，以免发生跨步电压触电。

12）发生电气火灾时，应立即切断电源，用黄沙、二氧化碳、四氯化碳等灭火，切不可用水或泡沫灭火器灭火。

13）打扫卫生、擦拭设备时，严禁用水冲洗或用湿布擦拭电气设备，以防发生短路和触电事故。

14）建筑行业用电，必须遵守《施工现场临时用电的安全技术规程》。

2. 机械伤害事故的预防

1）检查机械设备是否按有关安全要求，装设了合理、可靠又不影响操作规程的安全装置。

2）检查零部件是否有磨损严重和松动等迹象，若有应及时更换、修理，防止设备带病运行。

3）检查电线是否破损，设备的接零或接地等设施是否齐全、可靠。

4）检查电气设备是否有带电部分外露现象，发现问题后应及时采取防护措施。

5）检查重要的手柄的定位及锁紧装置是否可靠，发现问题应及时修理。

6）操作人员在操作时应按规定穿戴劳动防护用品；切削加工时严禁戴手套操作；留长发人员应戴工作帽，且长发不得露出帽外。

7）操作设备前应先空运转，确认正常后再投入运行。

8）刀具、夹具以及工件都要装夹牢固，不得松动。

9）不得随意拆除机械设备的安全装置。

10）机械设备在运转时，严禁用手调整、测量工件，或进行润滑、清扫杂物等。

11）机械设备运转时，操作者不得离开工作岗位。

12）工作结束后，应关闭电源开关，把刀具和工件从工作位置退出，并清理好工作场地，将零件、夹具等摆放整齐，保持好机械设备的清洁卫生。

3. 厂内车辆伤害事故的预防

1）车辆驾驶人员必须经有资格的培训单位培训，并考试合格后方可持证上岗。

2）人员通过路口时要注意瞭望，在没有危险时才能通过。

3）不可在铁路专用线上行走、更不可推车行走；严禁从列车下面通过。

4）定期检查车辆的各种机构零件是否符合技术规范和安全要求，严禁带故障运行。

5）汽车在出入厂区大门时，速度不得超过5km/h；在厂区道路上行驶时，速度不得超过20km/h。

6）装卸货物时不得超载、超高。

7）装载货物的车辆、随车人员应坐在指定的安全位置，不得站在车门踏板上，也不得坐在车厢板上或坐在驾驶室顶上。

8）电瓶车装载易燃易爆、有毒有害物品进入厂房内时，严禁乘人。

9）铲车在行驶时，无论空载还是重载，其车铲距地面不得小于300mm，但也不得大于500mm。

10）严禁任何人站在车铲或车铲的货物上随车行驶，也不得站在铲车车门上随车行驶。

11）严禁驾驶员酒后驾车、疲劳驾车、非驾驶员驾车、争道抢行等违章行为。

12）在厂内骑自行车时，严禁载人、双撒把或速度过快，更不得与机动车辆抢道争快；在厂房内严禁骑自行车。

4. 起重伤害事故的预防

1）起重作业人员须经有资格的培训单位培训并考试合格后才能持证上岗。

2）起重作业人员在操作前应检查起重机械的安全装置是否齐全可靠，否则不准进行操作。

3）平时应严格检验和修理起重机机件，如钢丝绳、链条、吊钩、吊环和滚筒等，发现报废的机件应立即更换。

4）建立健全维护保养、定期检验、交接班制度和制订安全操作规程。

5）起重机运行时，任何人不准上下；也不能在运行中检修；上下吊车要走专用梯。

6）起重机的悬臂能够伸到的区域不得站人，电磁起重机的工作范围内不得有人。

7）吊运物品时，吊物不得从人头上空通过；吊物上不准站人；不能对吊挂着的东西进行加工。

8）起吊的东西不能在空中长时间停留，特殊情况下应采取安全保护措施。

9）起重机驾驶人员接班时，应对制动器、吊钩、钢丝绳和安全装置进行检查，发现性能不正常时，应在操作前将故障排除。

10）开车前必须先打铃或报警，操作中接近人时，也应给予持续铃声或报警。按指挥信号操作，对紧急停车信号，不论任何人发出，都应立即执行。

11）确认起重机上无人时，才能闭合主电源进行操作。

12）工作中突然断电时，应将所有控制器手柄扳回零位；重新工作前，应检查起重机

是否工作正常。

13）在轨道上露天作业的起重机，当工作结束时，应将起重机锚定住；当风力大于六级时，一般应停止工作，并将起重机锚定住；对于门座起重机等在沿海工作的起重机，当风力大于七级时，应停止工作，并将起重机锚定好。

14）当司机维护保养时，应切断主电源，并挂上标志牌或加锁。如有未消除的故障，应通知接班的司机。

5. 火灾事故的预防

1）不得随便进入易燃场所，如油库、气瓶站、煤气站和锅炉房等工厂的重要区域。

2）在火灾爆炸危险较大的厂房内，应尽量避免明火及焊割作业，最好将检修的设备或管段拆卸到安全地点检修。当必须在原地检修时，必须按照动火的有关规定进行，必要时还需请消防队进行现场监护。

3）在积存有可燃气体或蒸气的管沟、下水道、深坑、死角等处附近动火时，必须进行处理和检验，确认无火灾危险时，方可按规定动火。

4）熬炼设备必须设置在安全地点作业并有专人值守，防止烟道窜火和熬锅破漏。

5）火灾爆炸危险场所应禁止使用明火烘烤结冰管道设备，宜采用蒸汽、热水等化冰解堵。

6）对于混合接触能发生反应自燃的物质，严禁混存混运；对于吸水易燃或发热的物质应保持使用和储存环境干燥；对于在空气中剧烈氧化自燃的物质，应密闭储存或浸在相适应的中性液体（如水、煤油等）中。

7）进入易燃易爆场所进行操作的人员，必须穿戴防静电服装鞋帽。

8）不宜在高温表面附近堆放可燃物。

9）处置熔渣、炉渣等高热物时，应防止落入可燃物中。

10）不能用水扑灭碱性金属、金属碳化物、氢化物火灾，因为这些物质遇水后会发生剧烈化学反应，并产生大量可燃气体、释放大量的热，使火灾进一步扩大。

11）不能用水扑灭电气火灾，因为水可以导电，容易发生触电事故；也不能用水扑灭比水轻的油类火灾，因为油会浮在水面上，反而容易使火势蔓延。

12）钢铁水泄漏发生火灾，不可用水扑灭，因为高温金属液体遇水会发生爆炸。

6. 一氧化碳中毒事故的预防

1）冬天屋内生煤炉取暖必须使用烟囱，使煤气能够顺利排到室外。

2）在产生一氧化碳的场所应经常测定空气中的一氧化碳浓度，或设立一氧化碳警报器和红外线一氧化碳自动记录仪，监测一氧化碳浓度变化。

3）生产煤气时，应定期检修煤气发生炉、管道及煤气水封设备，防止一氧化碳泄漏。

4）生产场所应加强自然通风，产生一氧化碳的生产过程要加强密闭通风；矿井放炮后必须通风20min以后，方可进入生产现场。

5）进入一氧化碳浓度大的场所工作时，须戴防毒面具；操作后应立即离开，并适当休息；作业时最好多人同时工作，便于发生意外时自救和互救。

二、安全色、安全线和安全标志

1. 安全色

（1）安全色　安全色是用来表达禁止、警告、指令和提示等安全信息含义的颜色。它的作用是使人们能够迅速发现和分辨安全标志，提醒人们注意安全，以防发生事故。我国《安全色》国家标准中采用了红、蓝、黄、绿四种颜色为安全色。

红色含义是禁止和紧急停止，也表示防火；蓝色的含义是必须遵守；黄色的含义是警告和注意；绿色的含义是提示、安全状态和通行。

（2）对比色　能使安全色更加醒目的颜色称为对比色或反衬色。白色明度最高，黄色的对比色用黑色，红、蓝、绿三种颜色的对比色用白色。

红色与白色间隔条纹的含义是禁止越过，交通、公路上用的防护栏杆以及隔离墩常涂此色。黄色与黑色间隔条纹的含义是警告、危险，工矿企业内部的防护栏杆、起重机吊钩的滑轮架、平板拖车排障器、低管道常涂此色。蓝色与白色间隔条纹的含义是指示方向，如交通指向导向标。

2. 安全线

工矿企业中用以划分安全区域与危险区域的分界线。厂房内安全通道的标示线，铁路站台上的安全线都属于此列。根据国家有关规定，安全线用白色，宽度不小于60mm。在生产过程中，有了安全线的标示，我们就能区分安全区域和危险区域，有利于我们对危险区域的认识和判断。

3. 安全标志

安全标志是由安全色、几何图形和形象的图形符号构成的，用以表达特定的安全信息。

安全标志分为禁止标志、警告标志、指令标志和提示标志四类（图4-1）。

1）禁止标志的含义是禁止人们的不安全行为。禁止标志的几何图形是带斜杠的圆环，图形背景为白色，圆环和斜杠为红色，图形符号为黑色。

2）警告标志的含义是提醒人们对周围环境引起注意，以避免可能发生的危险。警告标志的几何图形是三角形，图形背景是黄色，三角形边框及图形符号均为黑色。

3）指令标志的含义是强制人们必须做出某种动作或采取防范措施。几何图形是圆形，背景为蓝色，图形符号为白色。

4）提示标志的含义是向人们提供某种信息（指示目标方向、标明安全设施或场所等）。几何图形是长方形，按长短边的比例不同，分一般提示标志和消防设备提示标志两类。提示标志的图形背景为绿色，图形符号及文字为白色。

a）

b）

c）

d）

图4-1　安全标志

a）禁止标志（禁止驶入）　b）警告标志（注意儿童）

c）指令标志（必须带自救器）　d）提示标志（紧急疏散方向）

三、 职业病防治措施

1. 宏观决策与管理方面的对策

1）加强职业卫生法制建设，构筑较为完善的劳动卫生法规体系。

2）把工作重点转移到预防为主的工作上来。

3）广泛开展职业卫生宣传教育，加强职业卫生培训。

4）加大防治职业危害资金投入量，建立资金运行保证机制。

5）强化职业卫生监督管理，加大“三同时”审查力度。

6）加强职业病统计、报告工作，制定与国民经济动态相随动的职业病防治对策。

7）明确治理重点，突出治本措施，加强新技术的开发和推广。

2. 工程技术方面的对策

（1）防尘工程技术措施

1）采取治本措施和清洁生产工艺，减少扬尘点。

2）开发防尘产品取代老设备。

3）提高通风系统的控制效果对尘源进行有效的控制。

4）消除二次尘源。

5）重视对呼吸性粉尘的治理。

（2）防毒工程技术措施：

1）改革工艺。

2）用无毒、低毒的物料代替有毒、高毒的物料。

3）生产设备的管道化、密闭化以及操作的机械化。

4）隔离操作和自动控制。

5）通风排毒净化。

（3）防治物理因素危害工程技术措施

1）高温防治。

2）噪声防治。

3）电磁辐射防护。

4）激光防护。

3. 预防职业病的具体对策

职业病的发生，一方面与生产环境中生产性有害因素的深度或强度有关，另一方面又与工人的健康状况有关。而生产性有害因素的浓度或强度又与许多因素有关，例如与生产工艺流程、管道的密闭程度、企业的管理水平、有无治理措施、个人防护用品的使用等有关。因此，预防职业病不是单纯依靠医务人员就能解决的，而需要企业的领导、工程技术人员、技安人员和医务人员的共同努力。只要重视职业病的防治工作，采取综合性措施，控制和消除生产性有害因素，职业病是完全可以预防的。具体预防对策如下：

1）大搞技术革新、改革生产工艺，如以无毒或低毒的物质代替有毒或剧毒的物质；以低噪声设备代替高噪声设备等；生产过程实现机械化、自动化，从而减少工人与有害因素接触的机会。

2）采取通风除法、排毒、降噪、隔离等技术性措施来降低或消除生产性有害因素。

3）加强生产设备的管理，防止毒物的跑、冒、滴、漏污染环境。

4）对新建、改建、扩建和技术改造项目进行“三同时”审查，确保这些项目完成后，有害因素的浓度或强度可以达到国家标准。

5）制订和严格遵守安全操作规程，防止发生意外事故。

6）加强个人防护，养成良好的卫生习惯，防止有害物质进入体内。

7）合理安排休息制度，注意营养，增强机体对有害物质的抵抗能力。

8）对接触生产性有害作业的工人，就业前进行体格检查和定期体格检查，及早发现禁忌症及职业病患者，及早进行处理。

9）根据国家制定的一系列卫生标准，定期检测作业环境中生产性有害因素的浓度或强度，及时发现问题，及时解决。

第四节　事故应急教育

在企业生产过程当中，经常发生的事故主要有触电事故、火灾事故、危险化学品伤害事故、机械伤人事故及交通肇事事故等。在工作当中，掌握一定的自救和互救知识，有时就能够保护自身安全和延长抢救时间，获得第二次生命及避免不必要的伤害。

一、触电的救护

1. 脱离电源

（1）对于低压触电事故

1）如果触电地点附近有开关或插销，可立即拉下开关或拔出插销。但应注意，拉线开关和平开关只能控制一根线，有可能仅切断了零线而没有断开电源。

2）如果触电地点附近没有开关或插销，可用有绝缘柄的电工钳或有干燥木柄的斧头切断电线，或用绝缘物插到触电者身下，以隔断电流。

3）当电线反搭落在触电者身上或被压在身下时，可用绝缘物作为工具，拉开触电者或拉开电线。

4）如果触电者的衣服是干燥的，又没有紧缠在身上，可以用一只手抓住他的衣服，拉离电源，但不得接触其他部位。

（2）对于高压触电事故

1）立即通知有关部门尽快拉闸断电。

2）带上绝缘手套，穿上绝缘鞋，用相应电压等级的绝缘工具按顺序拉开电源开关。

3）抛掷裸金属导线使带电线路短路接地，迫使保护装置动作，断开电源。注意抛掷金属导线之前，先将金属导线的一端可靠接地，然后抛掷另一端；注意抛掷的一端不可触及触电者和其他人。

2. 现场急救

当触电者脱离电源后，应根据触电者的具体情况，迅速对症救护。

1）如果触电者伤势不重、神志清醒，但有些心慌、四肢发麻、全身无力，或者在触电过程中曾一度昏迷，但已经清醒过来，应使触电者安静休息，不要走动。严密观察并请医生前来诊治或送往医院处理。

2）如果触电者伤势较重，已失去知觉，但还有心脏跳动和呼吸，应使触电者舒适、安静地平卧，周围不围人，使空气流通，解开他的衣服以利于呼吸。如天气寒冷，要注意保暖，并迅速请医生诊治或送往医院处理。

3）如果触电者伤势严重，呼吸停止或心脏跳动停止，或两者均已停止，应立即施行人工呼吸和胸外心脏按压，并迅速请医生诊治或送往医院处理。应当注意，急救要尽快进行，不能等候医生的到来。在送往医院的途中，也不能中止急救。如果现场仅一个人抢救，则口对口人工呼吸和胸外心脏按压应交替进行，每次吹气2~3次，再挤压10~15次，而且吹气和挤压的速度都应该比双人操作的速度提高一些，这样可以不降低抢救效果。

二、火灾的急救和自救

1. 遇到火情时应注意的问题

1）火势初期，如果发现火势不大，未对人与环境造成很大威胁，其附近有足够的消防器材，应尽可能将火扑灭，不可置小火于不顾而酿成火灾。

2）当火势失去控制，不要惊慌失措，应冷静机智地运用火场自救和逃生知识摆脱困境。心理的惊慌和崩溃往往使人丧失绝佳的逃生机会。因此，多掌握一些自救与逃生的知识和技能，把握住稍纵即逝的脱险时机，就会在困境中拯救自己或赢得更多等待救援的时间，从而获得第二次生命。

2. 建筑物内发生火灾时的自救和逃生

1）要熟悉周围环境，记牢消防通道路线。每个人都要对自己工作场所的环境和居住地建筑物的结构及逃生路线做到了如指掌。若处于陌生环境，如在宾馆、商场和娱乐场所时，务必要留意疏散通道、紧急出口的具体位置及楼梯方位等，这样一旦火灾发生，寻找逃生之路就会胸有成竹，临危不惧，并安全迅速地逃离现场。

2）突遇火灾，面对浓烟和大火，首先要使自己保持镇静，迅速判断危险地点和安全地点，果断决定逃生的办法，尽快撤离。如果火灾现场人员较多，切不要相互拥挤、盲目跟从或乱冲乱撞，应有组织、有秩序地进行疏散。

撤离时要朝明亮或外面空旷的地方跑，同时尽量向楼下跑。若通道已被烟火封阻，则应背向烟火方向离开，通过阳台、气窗、天台等往室外逃生。如果现场烟雾很大或已断电，能见度低，无法辨明方向，则应贴近墙壁或按指示灯的提示，摸索前进，找到安全出口。

3）要利用消防通道，不可进入电梯。在高层建筑中，电梯的供电系统在发生火灾时随时会断电，或因强热作用使电梯部件变形而将人困在电梯内；同时，由于电梯井犹如贯通的烟囱般直通各楼层，有毒的烟雾极易被吸入其中，直接威胁被困人员的生命。因此，火灾时千万不可乘普通的电梯逃生，而要根据情况选择进入相对较为安全的楼梯和消防通道。此外，还可以利用建筑物的阳台、窗台、天台屋顶等攀到周围的安全地点。

4）火场人员可以通过建筑物内的高空缓降器或救生绳，离开危险的楼层。另外，在救援人员不能及时赶到的情况下，可以迅速利用身边的绳索或床单、窗帘等自制简易救生绳，最好用水打湿，然后从窗台或阳台沿绳滑下；还可以沿着水管、避雷线等建筑结构中的凸出物滑到地面。

如果逃生时要经过充满烟雾的路线，可使用毛巾或口罩蒙住口鼻，同时身体尽量贴近地面匍匐前行。穿过烟火封锁区，应向头部、身上浇冷水或用湿毛巾、湿棉被等裹好，再冲出去。

5）假如用手摸房门已感到烫手，或已知房间被火围困，此时切不可打开房门，首先应关紧迎火的门窗，打开背对着火的门窗用湿毛巾或湿布条塞住门窗缝隙，或者用水浸湿棉被蒙上门窗，防止烟火侵入，固守待救。

6）被烟火围困暂时无法逃离的人员，应尽量站在阳台或窗口等易于被人发现和能避免烟火近身的地方。在白天，可以向窗外晃动鲜艳衣物；在晚上，可以用手电筒在窗口闪动或者敲击金属物、大声呼救，及时发出有效的求救信号，引起救援者的注意。

三、毒气泄露的自救与逃生

1）发生毒气泄漏事故时，现场人员不可恐慌，要有人负责统一指挥，井然有序地撤离，并采取相应的监护措施。

2）从毒气泄露现场逃生时，要抓紧宝贵的时间，当机立断，选择正确的逃生方法撤离。

3）逃生时要根据泄漏物质的特性，佩戴相应的个体防护用具，或用湿毛巾或衣物捂住口鼻。

4）沉着冷静确定风向，然后根据毒气泄漏源位置，向上风向或沿侧风向转移撤离；另外，根据泄漏物质的相对密度，选择沿高处或低洼处逃生，但切忌不可在低洼处滞留。

四、常用急救技术

1. 止血

可采用压迫止血法、止血带止血法、加压包扎止血法和加垫屈肢止血法等。

1）压迫止血法适用于头、颈、四肢动脉大血管出血的临时止血。当一个人负伤后，只要果断地用手指或手掌用力压紧靠近心脏一端的动脉跳动处，并把血管压紧在骨头上，就能很快取得暂时止血的效果。

2）止血带止血法适用于四肢大血管出血，尤其是动脉出血。用止血带（一般用橡皮管，也可以用纱布、毛巾、布带或绳子等代替）绕肢体绑扎打结固定，或在结内（或结下）穿一根短木棍，转动此棍，绞紧止血带，直到不流血为止。然后把棒固定在肢体上。在绑扎和绞止血带时，不要过紧或过松。过紧会造成皮肤和神经损伤，过松则起不到止血的作用。

3）加压包扎止血法适用于小血管和毛细血管的止血。先用消毒纱布（如果没有消毒纱布，也可用干净的毛巾）敷在伤口上，再加上棉花团或纱布卷，然后用绷带紧紧包扎，以达到止血的目的。假如伤者有骨折，还要另加夹板固定。

4）加垫屈肢止血法多用于小臂和小腿的止血，它利用肘关节或膝关节的弯曲功能压迫血管达到止血目的。在肘窝或膝窝内放入棉垫或布垫，然后使关节弯曲到最大限度，再用绷带将前臂与上臂（或小腿与大腿）固定。假如伤肢有骨折，也必须先用夹板固定。

2. 包扎

（1）头和面部外伤常采用的包扎方法

1）头面部风帽式包扎法。头面部都有伤时可用此法。先在三角巾顶角和底部中央各打一结，形式像风帽一样。把顶角结放在前额处，底结放在后脑部下方，包住头顶，然后再将两顶角往面部拉紧，向外反折成三、四指宽，包绕下颌，最后拉至后脑枕部打结固定。

2）头顶式包扎法。外伤在头顶部可用此法。把三角巾底边折叠两指宽，中央放在前额，顶角拉向后脑，两底角拉紧，经两耳上方绕到头的后枕部，压着顶角，再交叉返回前额打结。如果没有三角巾，也可改用毛巾。先将毛巾横盖在头顶上，前两角反折后拉到后脑打结，后两角各系一根布带，左右交叉后绕到前额打结。

3）面部面具式包扎法。面部受伤可用此法。先在三角巾顶角打一结，使头向下，提起

左右两个底用，形式像面具一样。再将三角巾顶结套住下颌，罩住头面，底边拉向后脑枕部，左右角拉紧，交叉压在底边，再绕至前额打结。包扎后，可根据情况在眼和口鼻处剪开小洞。

4）单眼包扎法。如果眼部受伤，可将三角巾折成四指宽的带形，斜盖在受伤的眼睛上。三角巾长度的三分之一向上，三分之二向下。下部的一端从耳上绕到前额，压住眼上部的一端；然后将上部的一端向外翻转，向脑后拉紧，与另一端打结。

（2）四肢外伤包扎法

1）手足部受伤的三角巾包扎法。将手掌（或脚掌）心向下放在三角巾的中央，手（脚）指朝向三角巾的顶角，底边横向腕部，把顶角折回，两底角分别围绕手（脚）掌左右交叉压住顶角后，在腕部打结，最后把顶角折回，用顶角上的布带固定。

2）三角巾上肢包扎法。如果上肢受伤，可把三角巾的一底角打结后套在受伤手臂的手指上，把另一底角拉到对侧肩上，用顶角缠绕伤臂，并用顶角上的小布带包扎。然后，把受伤的前臂弯曲到胸前，成近直角形，最后把两底角打结。此外，还有毛巾包扎法。

（3）躯干包扎方法　当背部受伤时，可采用背部三角巾包扎法；当胸部受伤时，可采用胸部三角巾包扎法；当下腹部和会阴部受伤时，可采用下腹部及会阴部包扎法。

3. 固定

（1）上肢肱骨骨折固定法　用一块夹板放在骨折部位的外侧，中间垫上棉花或毛巾，再用绷带或三角巾固定。若现场无夹板，则用三角巾将上臂固定于躯干。方法是：三角巾折部绕过胸部在对侧打结固定，前臂悬吊于胸前。

（2）股骨骨折固定法　用两块夹板，其中一块的长度与腋窝至足跟的长度相当。长的一块放在伤肢外侧腋窝下并和下肢平行，短的一块放在两腿之间，用棉花或毛巾垫好肢体，再用三角巾或绷带分段绑扎固定。

此外还有前臂骨折固定法、小腿骨折固定法等。

4. 搬运

搬运伤员也是救护的一个非常重要的环节。如果搬运不当，可使伤情加重，难以治疗。因此，对伤员的搬运应十分小心。

（1）扶、抱、背搬运法

1）单人扶着行走。左手拉着伤员的手，右手扶住伤员的腰部，慢慢行走。此法适于伤员伤势较轻，神志清醒时使用。

2）肩膝手抱法。伤员不能行走，但上肢还有力时，可让伤员的手钩在搬运者的颈上。此法禁用于脊椎骨折的伤员。

3）背驮法。先将伤员支起然后背着走。

4）双人平抱着走。两个搬运者站在同侧，抱起伤员。

（2）几种伤情搬运

1）脊柱骨折搬运。使用木扳做的硬担架，应由2～4人抬，使伤员成一线起落，步调一致。切忌一人抬胸，一人抬腿。要让伤员平躺，腰部垫一个衣服垫，然后用3～4根皮带把伤员固定在木板上。

2）颅脑伤昏迷搬运。搬运时要两人重点保护头。放在担架上应采取半卧位，头部侧向一边，以免呕吐时呕吐物阻塞气道而窒息。

3）颈椎骨折搬运。搬运时，应由一人稳定头部，其他人以协调力量平直抬担架，头部左右两侧用衣物、软枕加以固定。

4）腹部损伤搬运。严重腹部损伤者，多有腹腔脏器从伤口脱出，可采用布带、绷带固定。搬运时采取仰卧位，并使下肢屈曲。

(3) 伤员转送应注意以下几点

1）迅速。伤员经过现场处理后，应争取时间尽快转运到已联系好的医院或急救中心，通知可能到达的时间。

2）安全。在搬运和转运途中，应避免再次创伤，更应防止医源性损害，如输液过快引起肺水肿、脑水肿，输入血制品引起溶血反应等。对有呕吐和意识不清的伤员，要防止胃内物吸入气管而引起窒息。应持续监护，随时抢救生命危象。

3）平稳。在救护车内一般应保持伤员足向车头，头向车尾平卧。驾车要稳，制动要缓。为使伤员情绪稳定，转运途中须镇痛，记录止痛剂的名称、药量和用药时间。颅脑损伤、腹部损伤等慎用麻醉止痛药。

【能力训练】

一、填空题

1. （　　）是员工的生命线，员工是安全的（　　）。
2. 安全生产关系人民群众生命财产（　　）。
3. 违反安全生产规章制度会导致（　　）。
4. 坚持“安全第一，（　　）为主”的安全生产方针。
5. 电气操作属特种作业，操作人员必须经培训合格后（　　）上岗。
6. 车辆驾驶人员必须经有资格的培训单位培训并考试合格后方可（　　）上岗。
7. 起重机的悬臂能够伸到的区域不得站人，电磁起重机的工作范围内不得（　　）。
8. 不得随便（　　）易燃场所，如油库、气瓶站、煤气站和锅炉房等工厂的重要区域。

二、判断题

1. 如遇火灾要利用消防通道，不可进入电梯。（　　）
2. 搬运伤员也是救护的一个非常重要的环节。如果搬运不当，可使伤情加重，难以治疗。（　　）
3. 如遇出血受伤情况应立即送往医院。（　　）

三、简答题

1. 简述国家颁布施行的有关安全生产的主要法规。
2. 简述造成安全生产事故的主要原因。

第五章

综合职业能力培养

学习目标

1. 了解职业与职业道德的基本概念
2. 掌握职业道德中必须遵循的基本行为规范
3. 了解职业精神的基本概念
4. 掌握职业精神的具体表现
5. 掌握专业能力的基本概念
6. 了解国家职业资格证书国家职业标准

企业员工的职业能力重在培养
企业员工的职业能力决定企业的竞争力

长期以来大部分企业只注重员工职业技能的培养，却忽视了职业素质的教育。仅仅训练员工的专业技能，而忽视职业意识、职业道德和职业态度方面的培训，因此也就很难从根本上提升企业的核心竞争力。

第一节　职业道德培养

一、职业与职业道德

1. 什么是职业

职业是参与社会分工，利用专门的知识和技能，为社会创造物质财富和精神财富，获取合理报酬，作为物质生活来源，并满足精神需求的工作。

国家发展计划委员会、国家经济委员会、国家统计局、国家标准局批准，于1984年发布了《国民经济行业分类和代码》，并于2011年进行了第三次修订。这项标准主要按企业、事业单位、机关团体和个体从业人员所从事的生产或其他社会经济活动的性质的同一性分类，即按其所属行业分类，将国民经济行业划分为门类、大类、中类、小类四级。门类共20个：

1）A：农、林、牧、渔业。

2）B：采矿业。

3）C：制造业。

4）D：电力、热力、燃气及水生产和供应业。

5）E：建筑业。

6）F：批发和零售业。

7）G：交通运输、仓储和邮政业。

8）H：住宿和餐饮业。

9）I：信息传输、软件和信息技术服务业。

10）J：金融业。

11）K：房地产业。

12）L：租赁和商务服务业。

13）M：科学研究和技术服务业。

14）N：水利、环境和公共设施管理业。

15）O：居民服务、修理和其他服务业。

16）P：教育。

17）Q：卫生和社会工作。

18）R：文化、体育和娱乐业。

19）S：公共管理、社会保障和社会组织。

20）T：国际组织。

2. 什么是道德

道德一词源自老子。老子说："道生之，德蓄之，物形之，势成之。是以万物莫不尊道而贵德。道之尊，德之贵，夫莫之命而常自然。"其中"道"指自然运行与人世共通的真理，而"德"是指人世的德性、品行、王道。

道德是调整人与人之间以及个人与社会之间关系的行为规范的总和。

道德是人们评价一个人的一个尺度。一个人若违背社会道德，比如不仁不义、不忠不孝，那么人们就会给他负面的评价，导致他没有好的名声，从而对他形成一种来自周边人群的社会压力，约束他的行为。另一方面，对很多人来说，道德是个人良心的自觉遵守，无需周边人群的社会压力制约。

【案例1】　道德模范人物——丛飞

丛飞，原名张崇，中共党员，1969年10月出生，辽宁省盘锦市大洼县人。1992年毕业于沈阳音乐学院。1994年到深圳从事演艺，是深圳的首批“义工”，深圳市义工联艺术团团长。在之后的8年中，丛飞义演300多场次，义演总时间3600多小时。

从1994年8月开始，丛飞开始了长达11年的慈善资助活动。他资助了贵州、湖南等省的178名贫困儿童，累计捐款、捐物达300多万元，自己却为此背上了17万元的债务。媒体披露丛飞捐助贫困儿童的事迹后，引起社会各界关注，丛飞当选为深圳“爱心大使”、2005年度感动中国人物。2005年5月，丛飞被确诊患有胃癌，于2006年4月20日在深圳去世，他立下遗嘱捐献眼角膜。2006年6月23日，深圳市委、市政府授予丛飞“爱心市民”称号。

3. 什么是职业道德

职业道德是从事一定职业的人们在职业活动中必须遵循的行为规范的总称。通常包括以下一些基本规范：爱岗敬业，忠于职守；刻苦学习，提高技能；勇于竞争，开拓创新；艰苦奋斗，勤俭节约；遵纪守法，廉洁奉公；热诚服务，文明生产；讲求质量，注重信誉；团结协作，互助友爱等。

不同职业会有不同职业道德的具体要求，但以上基本规范是各行各业都必须遵循的，是各种职业道德中具有共性的东西。

【案例2】　爱岗敬业模范人物——李斌

李斌，男，49岁，中共党员，上海电气液压气动有限公司液压泵厂数控工段工人。

李斌进厂工作29年来，怀着“做工人理当敬业，当主人理应尽责”的朴实信念，刻苦钻研，勇于创新，潜心于技术，专心于岗位，安心于一线，从一名技校生成为一位专家型的技术工人，成为新一代智能型工人的楷模，具有高级技师、工程师职称。

他始终保持工人阶级的本色，不断学习数控技术知识，努力掌握当今数控科技领域新技术，成为企业技术创新的领头人。他依托过硬的技术本领，为企业创造了可观的经济效益。多年来，他先后完成新产品开发55项，完成工艺攻关201项，完成加工工艺编程1500多条，直接创造经济效益830多万元。他自主设计了刀具184把，技术革新、自制改进工装夹具82副，为企业节约支出110多万元，并获得多项专利。他为企业进行4项数控机床重大故障排除和改进，节约维修费用30多万元。

近年来，李斌的工作重心从原先的数控编程、工艺改进、刀具革新转向产品能级的提升。尤其是自担任公司总工艺师及李斌工作室组建以来，他组织了斜轴泵质量攻关，使企业研制开发大大提速，近两年间已获得或申报的专利就达20余项。其中，对斜轴泵柱塞环的质量攻关的成功，使A2F6.1系列产品工作转速由1500r/min上升到3000r/min以上，产品性能接近德国某名牌产品水平，对国产泵的能级提升具有重要意义。

为了发挥李斌的示范带动作用，上海电气命名了“李斌班组”，建立了“李斌师徒网站”和“李斌技师学院”，积极推广“李斌班组工作四法”，在全厂大力开展岗位练兵活动。李斌带领自己的班组通过结对帮教，先后培养了中级数控机床调试工12名，并与行业内外50余家班组结对互帮互学。他为李斌技师学院无偿授课1950小时，使大批技术工人快速成长起来。2008年6月，李斌随中华全国总工会组织的“劳模技术服务队李斌分队”赴四川地震灾区，在余震不断的“东汽”灾区，为抢修数控机床、使之恢复运行并重新投入生产作出了重要贡献，受到高度赞扬。

李斌获得全国职工技术创新成果三等奖。

二、职业道德行为养成途径

职业是我们谋生的手段，从事一定的职业也是我们的需求，只有在职业活动中我们才能得到全面发展。职业道德是事业成功的保证，没有职业道德的人是干不好任何工作的，所以说，职业道德是一个人事业成功的重要条件。而职业道德品质也是人格的一面镜子，它反映着我们的整体道德素质，提高职业道德水平是人格升华的最重要的途径。职业道德的养成途径有以下几条：

1）加强理论学习。增强明辨是非的能力，养成良好的职业道德行为，必须在理论上学习职业道德基本知识，明确在职业活动中应该做什么，不应该做什么。

2）在日常生活中培养。从小事做起，严格遵守社会行为规范。自我做起，自觉养成良好习惯。

3）在专业学习中练习。增强职业意识，遵守职业规范，重视技能练习，提高职业素养。

4）在社会实践中体验。参加社会实践，培养职业情感，学做结合，知行统一。

5）在职业活动中强化。

总之，只要通过各种有效的途径和方法，自觉接受职业道德教育，加强职业道德修养，就能成为一个有良好职业道德的人。

【案例3】　成功背后的诚信故事

年产大苏打（硫代硫酸钠）4万t，产量列全国之冠；每年出口大苏打接近1万t，占全国出口总量的一半以上，这是江滨化工二厂近年来所取得的骄人业绩。在这些成绩的背后，连接的是一个又一个诚信故事。

汉滨化工二厂改制以后，有人劝董事长陈广涛，现在不少私营企业逃税、避税现象很普遍，你何不也在账面上作些技术处理，少反映一些销售、利润，这样对企业、对股东都实惠。陈广涛对此并不领情，他说：遵纪守法、按章纳税，是每一个企业和公民应尽的义务；再说，我们之所以有今天，离不开改革开放的好政策，离不开各级政府为我们营造的创业环境。20多年来，该厂从来没有拖欠过国家税款一分钱。相反，这几年，他们每年都拿出20多万元，用于村级道路建设、农网改造、扶贫济困等社会公益事业。

有一次，厂里为一位日本客商生产50t大苏打。接近交货期时，该厂发现其中有5t产品外观达不到要求，虽不影响产品的使用，但董事长陈广涛还是果断地撤回了这批产品，并组织工人连夜加班重新生产，确保按时交货。由于该厂对产品质量的一丝不苟，从而赢得了广大客户的信赖，订单因此络绎不绝。

近年来，由于国家严格控制新批大苏打生产企业，无形之中给江滨化工二厂带来了利好机遇，产品一直处于供不应求、带款提货状态。有人建议陈广涛，应趁此机会适当提一些价。当然，陈广涛也曾算过这笔账，如果每吨价格上浮50元，按全年4万t产量计算，就是200万元哪！陈广涛在股东大会上说，这样做，对我们在座各位当然有好处，但企业几十年来所创立的声誉将受到影响，这难道是200万元就能弥补得了的吗？

第二节　职业精神培养

毛泽东同志曾经说过：人，是要有一点精神的。精神是什么？精神是指人的意识、思维活动和一般心理状态。

一个民族要有点精神，自强自立，才能立于世界强国之林；一个团队要有点精神，要有大局意识、协作精神和服务精神，团队全体成员要有向心力、凝聚力，进而保证组织的高效率运转；一个家族要有点精神，否则就会家业衰败，一代不如一代；一个人要有点精神，如果没有使命般的激情，不思进取，生命就失去了存在的价值和意义。

什么是职业精神？职业精神是一个人在工作中的职业道德、理想、态度、责任、技能等的综合表现。职业精神是企业发展的需要，是企业竞争的需要，也是个人生存的需要。古今中外，职业精神一直为人们所推崇。这不仅仅是因为“职业精神”有益于每一个企业，同时更重要的是这种精神还有益于我们自己。有了这种精神，企业就会发展、个人就会进步、家庭就会和睦，职业精神是一个人工作的立身之本。

职业精神具体表现在敬业、勤业、创业、立业四个方面。

一、敬业

敬业是中国人民的传统美德。早在春秋时期，孔子就主张人在一生中始终要勤奋、刻苦，为事业尽心尽力。

敬业精神是个体以明确的目标选择、朴素的价值观、忘我投入的志趣、认真负责的态度，从事自己的主导活动时表现出的个人品质。敬业精神是做好本职工作的重要前提和可靠保障。通俗地讲，敬业就是敬重自己的工作，把工作当成自己的事情，忠于职守、尽职尽责、一丝不苟、全心全意、善始善终。爱岗敬业就是要认真对待自己的岗位，对自己的岗位职责负责到底，无论在任何时候，都尊重自己的岗位职责，对自己岗位勤奋有加。爱岗敬业是人类社会最为普遍的奉献精神，它看似平凡，实则伟大。

【案例1】　165张假条写诚信

家住沈阳市铁西区的刘女士，至今仍记得那张特殊的“请假条”带给她的震动。“11月29日晚上9点多，我回家后，在单元门上看到一张字条：‘对不起，我爸死了，11月30日~12月6日停奶，12月7日送奶。送奶工！’看到这张字条，我心里特别感动。父亲去世了，这位送奶工还没忘记我们这些订奶户，而且这么冷的天儿，这么晚来通知我们。”

11月29日早晨，正在送奶的王秀珍突然接到老家电话：父亲因病去世了。虽然悲伤至极，但她还是强忍悲痛将剩余的牛奶送到订户家中。送完奶后，王秀珍马上赶到火车站，准备回老家料理父亲的后事。“车票是13点36分，由大连开往海拉尔的。我当时也没多想，合计着人家在我这儿订牛奶，是信任我。我这几天有事，不能让客户喝到奶，怎么也得告诉人家一声。”

王秀珍一边等车，一边写下了165张“请假条”，交代17岁的儿子“别忘了贴”。当天晚上放学后，他的儿子拿着订户资料，挨家挨户爬楼梯张贴。

12月7日凌晨，奔丧归来的王秀珍准时出现在奶站，这一天，订奶户们如期收到了牛奶。

王秀珍在奶站工作两年来，送奶只耽误过14天——父亲病重7天，去世7天。其他时间，不管是刮风下雨，还是暴雪酷寒，王秀珍从未耽搁过。

二、勤业

鲁迅说过：伟大的成绩和辛勤的劳动是成正比例的，有一分劳动就有一分收获，日积月累，从少到多，奇迹就可以创造出来。

仅仅是敬重自己的工作，忠于职守是不够的，还应更努力一些，在做好本职工作的基础上还要更多地付出一点。做一名合格的员工是最低的要求，要想成为优秀员工或者达到更高的目标，就要比别人付出更多，一个人获得的任何东西都是事先付出的回报。你在付出时越是慷慨，得到的回报就越丰厚，这是公平的游戏规则。身为企业的一员，你要舍得多下工夫，比别人付出更多的辛苦劳动，为自己所在的企业或部门做出成绩。也许付出与回报不成比例，也许回报不能马上到来，但只要肯坚持，就一定能得到上司的嘉奖和赞扬，一定能得到更多的提升机会，一定能更进一步实现自己的梦想。

【案例2】　勤奋的比尔·盖茨

白手起家的比尔·盖茨从20岁开始创建微软公司（以下简称微软），31岁时成为有史以来最年轻的亿万富翁（后来这个纪录被打破），37岁时成为美国首富并获得国家科技奖，39岁时身价一举超越华尔街股市大亨沃伦·巴菲特而成为世界首富；同年，以一票之差击败通用电气（GE）公司的杰克·韦尔奇，被《工业周刊》评选为“最受尊敬的CEO”。

在微软创业初期，比尔·盖茨就异常勤奋努力。微软老员工鲍伯·欧瑞尔说出了他1977年进入微软时比尔·盖茨的工作状态：“那时候比尔满世界飞。他会亲自跑到各个公司跟人家谈，比如得州设备、施乐公司、德国西门子公司、法国公牛机器公司。那些公司会有一大帮技术、法律、销售及业务人员围着他，问他各种问题。比尔经常单枪匹马参加世界各地的展览会，推销产品。比尔整天都在销售产品，有时他刚出差回来就连续上班24h，累了就在办公室睡一小会儿。”

虽然微软的员工们工作非常卖力，但都不如他们的老板比尔·盖茨勤奋。事实上，比尔·盖茨至今依然如此勤奋努力。

三、创业

我们许多人都想创业，创造属于自己的财富。创业首先是创新，具体地说，创业者需要具备开创性的思想、观念、个性、意志、作风和品质等，我们可以称之为创业精神或者创新精神。“创新是一个民族进步的灵魂，是国家兴旺发达的不竭动力。如果自主创新能力上不去，一味靠技术引进，就永远难以摆脱技术落后的局面。一个没有创新能力的民族，难以屹立于世界先进民族之林。”

创业不是一个人做得好就行，你必须是个好老师，具有带领团队取得业绩的能力，而有些人自己单干会很好，让他教人培养人就不行，这样的人是不适合创业的。创业起步时的关

键是创建团队的能力。希望成功创业的人不妨为自己画一张路线图：合格员工——优秀员工——好老师——好的领导——老板。

【案例3】 中职生成致富先锋

2001年中考时，田水涛以一分之差与高中失之交臂，他心不甘、情不愿地进了兴山职教中心，想着拿个中专文凭就去打工。但中专3年，让田水涛慢慢成长了，毕业时他顺利进入兴发集团工作。25岁的田水涛说："靠自己所学的知识找到了一份好工作，让我有了信心。"

成为社会人的田水涛也有了新的盘算，"兴发集团虽好，毕竟老板还是别人。我要用自己所学的农学专业知识，组织乡亲们从土里刨出金子来。"有胆识、有技术的田水涛白手起家，采取"合作社+农户+基地"的模式，组建无公害蔬菜专业合作社，经过5年打拼，年产值超过500万元。他带动兴山县黄粮、榛子两个乡镇的800多户农民，大力发展高山反季节蔬菜2000多亩，走上了抱团致富奔小康的阳光大道。

四、立业

孟子说"夫立建功业而言，惟养浩然之气，崇文尚礼。"今天我们常说建功立业，其实就是在奉献社会的同时建立自己的事业。

在面对从学校走向社会的环境转变中，每个人都要选择属于自己的人生方向，把个人的价值同企业的发展和社会需要相结合，明确努力目标，转变职业观念，增强创业信心，坚定报国理想，在服务祖国、服务社会、服务人民中成长成才，创造美好人生，切实肩负起时代赋予的光荣使命。

那么，怎样才能在平凡的岗位上做出不平凡的成绩呢？三百六十行，行行出状元。第一，要立定志向坚定目标；第二，要充实学问修养品德；第三，要胸怀宽大气度恢宏；第四，要锻炼体格健全身心。做到这四点，持之以恒，离成功就会越来越近。

【案例4】 从技校毕业生到中国十大杰出青年

提到代表中国科技最高水平的国家科技进步奖，人们总会把它和科技精英、学界泰斗等"大"人物联系在一起。而在2007年的国家科学技术奖励大会上，毕业于一汽技工学校的王洪军却凭借他发明的"王洪军轿车钣金快速修复法"，荣获了国家科学技术进步二等奖，成为新中国成立以来首个获此殊荣的一线工人。

王洪军从事汽车焊装机器人维修14年，历经捷达、奥迪、宝来、高尔夫四种车型的建设、投产和规模生产，先后"看护"一汽—大众三代进口机器人，成为世界精尖工业机器人故障维修专家。他勤于学习，善于钻研，承担并完成大小维修项目350多项，其中5项在世界工业机器人维修史上有重大突破，创造直接经济效益1500多万元。他创新维修观念，提出TPM全面效率维修管理模式，变救火式维修为预防式维修，创造汽车生产线工业机器人设备停台10min/班维修记录，实现国内机器人维修技术历史性突破。通过自学熟练掌握英语、德语两种语言，达到与外方专家直接对话的水平。主动承担对员工维修技能培训任务，把自己掌握、积累的维修经验汇编成册，为我国轿车工业培养了一批优秀的机器人维修人才，获得了全国"五一"劳动奖章，中国青年"五四"奖章、"中国十大杰出青年"、"全国技术能手"等荣誉称号。

第三节 专业能力培养

精细观察、准确记忆、敏捷思维，我们具备了这些心理特征，工作起来就会得心应手，事半功倍；缺乏这些心理特征，就会影响工作效率。这些保证有关活动顺利完成的因素，就是我们所说的能力。能力既以知识、技能为基础，又反过来促进知识、技能的增长，它们是互相联系，互相转化的。

能力是一个人的综合素质在行为上的外在表现。素质低，就谈不上什么能力，在这一点上任何人都是公平的，“种瓜得瓜，种豆得豆”，提高素质，就是为了提高能力。

中职学生的职业能力与职业素质密切相关，由在学校接受的理论和实践环节的教育培养而形成，并在企业实习和工作中不断提高和完善。

能力是受道德和理性引导而正确驾驭活动的本领。所以，我们应该掌握正确的方向，做事情要符合社会道德标准和企业的规章制度，凭良知工作和办事。

一、一般能力

一般能力就是我们所说的智力，是从事各种职业都需要的基本能力。如观察能力、记忆能力、抽象概括能力、想象能力、创造能力、注意能力等。

1. 观察能力

观察是我们认识世界获取知识的一条重要途径。观察是指有目的、有计划、有思维活动的知觉活动。在企业实习过程中，中职学生在师傅、同事的指导下，通过观察企业的生产、观察师傅的操作、自己动手实践等来获得大量的感性认识、知识和技能；然后通过科学思维活动的“加工”，转化为自己的知识、技能和各种能力。

2. 记忆能力

记忆，就是过去的经验在人脑中的反映。它包括识记、保持、再现、回忆四个基本过程。记忆的大敌是遗忘。提高记忆力，实际就是尽量避免和克服遗忘。在企业实习过程中，面对繁杂的生产工艺、生产过程，面对日新月异的新技术、新工艺，一定要带着浓厚的兴趣，集中注意力，进行有意识的锻炼，掌握记忆规律和方法，改善和提高记忆力。

3. 想象能力

想象能力是我们实现人生美好目标的翅膀，有了这双翅膀，我们就可以在更广阔的天空飞翔。没有想象力，李白就不能成为伟大的诗人，牛顿也不能成为伟大的科学家。

有一家企业，一次招聘了两百名新进员工，管理者看完他们的资料后，就先在脑子里，把他们安排在各种不同的地方工作，然后尽可能地想象他们正在工作场所中，执行职务的情形。管理者重复不断地运用想象力，终于，适合每一位新进员工的工作，一一清楚地浮现在管理者的脑海中。由于受到分配范围的限制，并非每个人都能如管理者所愿地分配，但是，从日后的工作情形来判断，这已经是一次相当令人满意的配置了。在这件事例中，想象能力可以说扮演了重要的角色。

4. 思维能力

我们在工作、学习、生活中每次遇到问题，总要“想一想”，这种“想”的过程，就是运行思维的过程。

思维能力是通过分析、综合、概括、抽象、比较、具体化和系统化等一系列过程，对感

性材料进行加工转化为理性认识并解决问题的。我们常说的概念、判断和推理是思维的基本形式。无论是在学校的学习活动，还是在企业的实践活动，都离不开思维，思维能力是一般能力的核心。

5. 注意能力

注意能力是对一定对象有选择地集中和指向的心理活动。注意力是常见的一种行为，人们在清醒的时候，时刻保持着注意力，过马路看红绿灯，上课时认真听讲，都是注意力高度集中的表现。这就需要我们的心理活动只集中于一点，而忽视其余的对象，排除外界和内心的干扰，我们才能看得清，记得牢。

注意力对每个人的人生和事业都有着重要的作用。例如，在工作中要时刻注意机器设备的运转情况，避免设备和人身伤亡事故。

除了一般能力，我们还应具备一定的语言表达能力、人际交往能力、外语能力、计算机能力、动手（操作）能力。

二、专业能力

专业能力指从事职业和创业活动所必需的知识和技能，以及运用以掌握的知识和技能解决职业工作中实际问题的能力。中职学生精通专业知识和技能是适应企业工作、对企业有所贡献所必需的素质。一般来说，一个中职学生就业后能否很快适应专业工作要求、取得用人单位的领导和同事们的认同，首先与其掌握专业知识技能的状况密切相关。专业技能的水平越高，就越能胜任工作和发展工作，越有利于处理工作中的各种关系，更有利于形成良好的职业发展循环。专业能力包括以下主要内容：

1. 合理的知识结构

专业知识和相关知识的掌握能力历来为人们所重视，也是用人单位选人最重要的依据，只有具有广博扎实的专业知识和相关知识，并且运用这些分析、解决新的问题，在实际工作中才能驾轻就熟，得心应手，才能运用所学知识去开拓创新。很难想象，如果一个机械加工专业的中职学生连图纸都看不懂，怎么能胜任日常工作呢？

2. 过硬的操作技能

操作技能是由一系列外部动作构成的，是经过反复训练形成和巩固起来的一种合乎规则的随意行动方式。中职教育是以能力为本位的教育，熟练、精湛的操作技能是专业能力的有机组成部分，也是形成专业综合能力的基础。要掌握操作技能，一是要在学校的实训课中将理论联系实际，刻苦训练。二是要在企业实习、工作中向师傅虚心学习。所谓“活到老，学到老”，通过对动作的认识、联系达到协调完善三个阶段。在操作技能训练中通过认识动作规范，了解动作程序，掌握动作关键，从而理解整个动作，进而反复联系，使之形成有机联系，相互协调，达到准确性、协调性、速度和技巧的定型，完成从量变到质变的过程。

“宝剑锋从磨砺出，梅花香自苦寒来。”掌握精湛、娴熟的操作技能非一日之功。任何行业或专业都有其自身的发展规律，如果能够从一而终，很多人都有可能成为某一专业的行家。因此，只有不懈地追求才能使人们在专业领域中出人头地。

3. 分析和解决问题的能力

中职学生就业时面对的是一线岗位，每天都会遇到纷繁复杂的实际问题，这些问题涉及岗位的各种要素（人力、设备、管理、环境、条件）及其发生变化出现的新问题，是在书本上学不到的。在有限的时间内完成多大的工作量，完全取决于其解决问题的能力。

能够分析、解决工作中的各种问题，是一个专业技术人员工作能力最好的证明。

一名优秀的员工，一定是擅长解决问题的员工。面对问题的最好办法就是：对问题负责，勇敢地面对问题，开动脑筋解决问题。

解决问题的能力不仅决定着个人的业绩，而且也决定着企业的业绩。因为，工作就是解决问题。企业生产、经营、管理、发展的过程就是不断地发现问题和解决问题的过程。一个员工的智商再高，专业知识再丰富，操作技能再娴熟，人际关系处理得再好，如果缺乏解决问题的能力，那也不会受到企业的青睐。企业不会容忍一名不具备解决问题的能力的员工。对企业而言，人才的价值主要体现于解决问题的能力上。

4. 创新能力

创新的本质是进取，是推动人类文明进步的激情；创新就要淘汰旧观念、旧技术、旧体制，培育新观念、新技术、新体制；创新的本质是不做复制者。

创新是创造财富的源泉，是企业的核心竞争力，员工的创新能力是企业可贵的人力资本。如何成长为企业里具有创新能力的优秀员工，是每个中职学生亟待思考和解决的问题。创新就是要在掌握学校里学习的专业知识和操作技能的基础上，通过企业实践，大胆突破现有的条条框框，敢于创新，运用新思维，学习新技术，创造新成果，以旺盛的求知欲、强烈的好奇心、浓厚的学习兴趣、丰富的想象力、坚强的意志力、高成就动机和良好的习惯，开拓专业工作的新领域。

第四节　国家职业资格证书制度

不少人认为只要有能力，证书是无所谓的，这是片面的认识。往往就是一个小小的证书使人获得了一次难得的机会，证书同时也是工作定位、工资水平、别人的认可程度甚至是人格尊严的重要参考依据。即使同样的研究成果，教授的可信度显然比普通人要高得多。

中职学生毕业后，可参加职业技能鉴定考试，合格后获得国家职业资格证书。

职业资格证书是表明劳动者具有从事某一职业所必备的学识和技能的证明。它是就业的通行证，是劳动者求职、任职、开业的资格凭证，是用人单位招聘、录用劳动者的主要依据，也是境外就业、对外劳务合作人员办理技能水平公证的有效证件。

职业资格证书与职业劳动活动密切相连，反映特定职业的实际工作标准和规范。

我国职业资格证书分为五个等级：初级（五级）、中级（四级）、高级（三级）、技师（二级）和高级技师（一级）。

一、国家职业标准

国家职业标准是在职业分类的基础上，根据职业（工种）的活动内容，对从业人员工作能力水平的规范性要求。它是从业人员从事职业活动，接受职业教育培训和职业技能鉴定，以及用人单位录用、使用人员的基本依据。国家职业标准由人力资源和社会保障部组织制定并统一颁布。国家职业标准由职业概况、基本要求、工作要求和比重表四部分组成，其中工作要求是国家职业标准的核心部分。

职业概况是对本职业的基本情况的描述，包括职业名称、职业定义、职业等级、职业环境条件、职业能力特征、培训要求、鉴定要求等8项内容。

国家职业标准在整个国家职业资格体系中，起着重要的导向作用。它引导职业教育培训、鉴定考核、技能竞赛等活动，其举足轻重的地位现在越来越突出。一个统一的、符合劳动力市场需求和企业发展目标的职业标准体系，对于开展国民教育，提高广大劳动者素质，促进就业，加强人力资源科学化、规范化和现代化管理都将起到重要作用。

职业标准是中等职业教育课程开发的依据。国家职业标准通过工作分析方法，描述了胜任各种职业所需的能力，反映了企业和用人单位的用人要求。职业教育和职业培训的课程按照国家职业标准进行设置，能够摆脱“学科本位教育”重理论，轻实践，重知识、轻技能和重学业文凭、轻职业资格证书的做法，能保证职业教育密切结合生产和工作的需要，使更多的受教育者和培训对象的职业技能与就业岗位相适应。

国家职业标准的共分八大类种类：

1）国家机关、党群组织、企业、事业单位负责人。

2）专业技术人员。

3）办事人员和有关人员。

4）商业、服务业人员。

5）农、林、牧、渔、水利业生产人员。

6）生产、运输设备操作人员及有关人员。

7）军人。

8）不便分类的其他从业人员。

其中第6大类包含了车工、铣工、电工、钳工、数控车工等第二产业的工种，而且都是就业准入的职业（工种）。

数控车工（中级）国家职业标准工作内容节选见表5-1。

表5-1 数控车工（中级）国家职业标准工作内容节选

职业功能	工作内容	技能要求	相关知识
一、加工准备	1. 读图与绘图	1）能读懂如主轴、曲轴、蜗杆等中等复杂程度的零件图 2）能绘制简单的轴类、盘类零件图 3）能读懂进给机构、主轴系统的装配图	1）复杂零件的表达方法 2）简单零件图的画法 3）零件三视图、局部视图和剖视图的画法 4）装配图的画法
	2. 制订加工工艺	1）能读懂复杂零件的数控车床加工工艺文件 2）能编制轴类、盘类等简单零件的数控加工工艺文件	数控车床加工工艺文件的制订
	3. 零件定位与装夹	能使用通用卡具（如自定心卡盘、单动卡盘）进行零件装夹与定位	1）数控车床常用夹具的使用方法 2）零件定位、装夹的原理和方法
	4. 刀具准备	1）能够根据数控加工工艺文件选择、安装和调整数控车床的常用刀具 2）能够刃磨常用车削刀具	1）金属切削与刀具磨损知识 2）数控车床常用刀具的种类、结构和特点 3）数控车床、零件材料、加工精度和工作效率对刀具的要求

二、如何获得职业资格证书

1. 职业技能鉴定

职业技能鉴定是一项基于职业技能水平的考核活动，属于标准参照型考试。它是由考试考核机构对劳动者从事某种职业所应掌握的技术理论知识和实际操作能力做出客观的测量和评价。职业技能鉴定是国家职业资格证书制度的重要组成部分。

2. 职业技能鉴定的申报要求

参加不同级别鉴定的人员，其申报条件不尽相同。一般来讲，不同等级的申报条件为：参加初级鉴定的人员必须是学徒期满的在职职工或职业学校的毕业生；参加中级鉴定的人员必须是取得初级技能证书并连续工作5年以上，或是经劳动行政部门审定的，以中级技能为培养目标的技工学校以及其他学校毕业生；参加高级鉴定的人员必须是取得中级技能证书5年以上，连续从事本职业（工种）生产作业不少于10年，或是经过正规的高级技工培训并取得了结业证书的人员；参加技师鉴定的人员必须是取得高级技能证书，具有丰富的生产实践经验和操作技能特长，能解决本工种关键操作技术和生产工艺难题，具有传授技艺能力和培养中级技能人员能力的人员；参加高级技师鉴定的人员必须是任技师3年以上，具有高超精湛技艺和综合操作技能，能解决本工种（专业）高难度生产工艺问题，在技术改造、技术革新以及排除事故隐患等方面有显著成绩，而且具有培养高级工和组织带领技师进行技术革新和技术攻关能力的人员。

3. 职业技能鉴定申请报名

申请职业技能鉴定的人员，可向当地职业技能鉴定所（站）提出申请，填写职业技能鉴定申请表。报名时应出示本人身份证、培训毕（结）业证书、《技术等级证书》或工作单位劳资部门出具的工作年限证明等。申报技师、高级技师任职资格的人员，还须出具本人的技术成果和工作业绩证明，并提交本人的技术总结和论文资料等。

4. 职业技能鉴定考试

国家实施职业技能鉴定分为理论知识考试和操作技能考核两部分。理论知识考试一般采取笔试形式，操作技能考核可采取工作现场操作、模拟现场操作、问题答辩等方式进行。这些内容是依据国家职业（技能）标准、职业技能鉴定规范（即考试大纲）和相应教材来确定的，并通过编制试卷来进行鉴定考核。

5. 职业技能鉴定方式

职业技能鉴定分为知识要求考试和操作技能考核两部分。知识要求考试一般采用笔试，技能要求考核一般采用现场操作加工典型工件、生产作业项目、模拟操作等方式进行。计分一般采用百分制，两部分成绩都在60分以上为合格，在80分以上为良好，在95分以上为优秀。

6. 获得职业资格证书的程序

职业技能鉴定所（站）将考核合格人员的名单报经当地职业技能鉴定指导中心审核，再报经同级劳动保障行政部门或行业部门劳动保障工作机构批准后，由职业技能鉴定指导中心按照国家规定的证书编码方案和填写格式要求统一办理证书；加盖职业技能鉴定机构专用印章，经同级劳动保障行政部门或行业部门劳动保障工作机构验印后，由职业技能鉴定所（站）送交本人。

任何符合条件的个人均可自主申请参加职业技能鉴定，申请人根据所申报职业的资格条

件，确定自己申报鉴定的等级。

【能力训练】

一、填空题

1. （　　）是参与社会分工，利用专门的知识和技能，为社会创造物质财富和精神财富，获取合理报酬，作为物质生活来源，并满足精神需求的（　　）。

2. （　　）一词源自老子。老子说：“道生之，德蓄之，物形之，势成之。是以万物莫不尊道而贵德。道之尊，德之贵，夫莫之命而常自然。”其中“道”指自然运行与人世共通的真理，而“德”是指人世的德性、品行、王道。

3. 道德是调整人们之间以及个人与社会之间关系的（　　）的总和。

4. （　　）是从事一定职业的人们在职业活动中必须遵循的行为规范的总称。

5. 职业道德通常包括以下一些基本规范：（　　），（　　）；（　　），（　　）；（　　），（　　）；（　　），（　　）；（　　），（　　）；（　　），文明生产；讲求质量，注重信誉；团结协作、互助友爱等。

6. （　　）是指人的意识、思维活动和一般心理状态。

7. （　　）是一个人在工作中的职业道德、理想、态度、责任、技能等的综合表现。职业精神是企业发展的需要，是企业竞争的需要，也是个人生存的需要。

8. （　　）是一个人的综合素质在行为上的外在表现。

9. （　　）指从事职业和创业活动所必需的知识和技能，以及运用以掌握的知识和技能解决职业工作中实际问题的能力。

二、判断题

1. 我国职业资格证书分五个等级。（　　）

2. 职业精神具体表现在敬业、勤业、创业、立业四个方面。（　　）

3. 我国职业资格证书等级为：初级（一级）、中级（二级）、高级（三级）、技师（四级）和高级技师（五级）。（　　）

三、简答题

1. 简述职业道德行为养成的主要途径。

2. 简述专业能力包括的主要内容。

第六章

如何成为合格的企业员工

学习目标

1. 了解学生与企业员工的差别
2. 了解自我适应能力锻炼的基本途径
3. 了解企业适应能力锻炼的基本途径
4. 了解职业素养锻炼的基本途径
5. 了解规范作业能力锻炼的基本途径
6. 了解自我改进与发展能力锻炼的基本途径

安全和质量意识必在企业员工心中
企业之间的差距就是员工素质之间的差距

第一节　实现由学生向企业员工的角色转变

完成了学校的学习任务，带着父母的期望，怀着满腔的抱负，毕业生走进企业，开始了企业生产实习生活。在此期间，要完成从合格的学生成为合格的企业员工的角色转变。中职学生由于受社会因素、家庭因素或自身认知能力、人格心理发展、意志品质以及情感等因素的影响，在角色转变中会出现一些问题。这时，要大胆面对现实，顽强应对困难，立足岗位，努力学习，不断提高和完善自我，迈好职业生涯的第一步。下面将从认识学生和企业员工的角色差别，到如何调整自己来适应企业工作生活方面作具体介绍。

一、学生角色与企业员工角色的差别

中职学生大多处在18~20岁年龄段，是人生中增长知识、发展智力、求学成才的关键阶段。中职学生的任务是努力学习进而培养情操，增长专业知识，掌握操作技能。但在经济上仍主要依靠家庭，人际交往的圈子比较小，缺乏社会经验。

无论是在不同的企业，还是在同一个企业的不同岗位，企业员工的职业角色既具体，又千差万别。每个角色都有自己的职位和职责、相应的职业规范，需要一定的专业知识和业务能力，履行一定的义务。

中职学生角色与企业员工角色的不同在于：前者是受教育，掌握本领，接受经济供给和资助，逐步完善自己；后者是用自己掌握的本领，通过具体的工作为社会付出，以自己的行为承担责任，并取得相应的报酬。

二、认清理想与现实的差距

从业之初，从相对简单的学生角色转变为较为复杂的企业员工角色，会产生一些矛盾和不适应，这是在情理之中的，也是正常的。

学校里的生活相对来说是比较单纯和清静的，在实习开始阶段，由于自身的阅历、素质、知识水平和适应能力的限制，会产生一些矛盾和不适应的情况，使得许多学生在工作上遇到种种困难和挑战。

面对一些企业的实际情况，比如生活环境艰苦、人际关系复杂、经济收入微薄、工作程序单调、管理方式落后和生产设备陈旧等因素产生的消极负面影响，不少的学生由满腔热血变得心灰意冷。

一些学生面对企业的实际需要，深感自己的综合素质远远不能胜任从事的工作，主要是现有的知识技能结构不够充分和合理，书本知识和实际问题相差太远，而且很难将两者有机地结合起来。

由于中职学生的阅历比较浅，导致他们对社会、人生价值的认识往往表现为理想化倾向。因此，在企业工作中，面对社会各种不良现象，他们既看不惯，又无能为力，经常感到困惑和迷茫，很难使自己理想化的观念与现实社会达成一致，表现出理想与现实的冲突，以及理想化的行为习惯与职业角色要求之间的矛盾。

三、参加企业新员工培训

中职学生离开学校，进入企业实习，由承担学习任务转而承担工作任务，而且是在一个完全陌生的工作环境下与不熟悉的人一起工作，这个变化是充满压力和挑战的。中职学生可能会因为过低地估计了新的工作带来的情绪影响和新环境的适应能力而感到吃惊。此外，也许还需

要放弃一些以前在学校学习环境中帮助其取得成功的，却并不适合企业工作环境的一些行事方法。即使是看似简单的工作，想要做好，也必须通过努力学习和不断实践锻炼才能实现。

企业为增强新员工对企业的归属感和认同感，使他们快速进入工作角色，会对新员工开展入职培训。从整体来看，一般包括意志培训、认知培训、职业培训、技能培训四个方面的课程。意志培训是为了培养新人的吃苦耐劳精神、朴素勤俭作风和团队协作意识；认知培训主要包括公司概况、组织结构、经营理念、规章管理制度、企业文化、消防知识和安全生产知识等；职业培训主要包括社交礼仪、人际关系、沟通与谈判、科学的工作方法、职业生涯规划、压力管理与情绪控制、团队合作技能等；技能培训主要是结合新员工即将负责的工作岗位而进行的专业技能培训，“师徒制”是技能培训的表现形式之一。

在培训中，新员工必须学习新的工作方法、做事的程序；了解公司对自己的期望以及公司的价值观，正确认识企业、正确认识自己；端正工作、学习和生活的态度。只有这样，在面对新的工作环境时，才不会感到前途模糊、无所适从和迷失方向。

四、学会沟通，处理好人际关系

人际关系在任何企业、任何时候对一个人的成功都至关重要。尤其是新员工，新进入一个工作环境，所接触的人都是新的，每个人的脾气性格、行为习惯、思维方式对自己来说都是新的，自己每走一步都要认识一个新人，了解一个新人。首先，要学会尊重他人。尊重他人，等于尊重自己；尊重与被尊重之间，是相互的，互动的。在工作和生活中培养积极的心态，要学会发现别人的优点并认真学习。在人与人的交往中，学会适当地赞美对方，增强和谐，提高工作的绩效，个人的价值也容易得到别人的肯定。其次，要学会在帮助别人的过程中学习别人的长处，要博采众长才能长于众人。再次，要正确对待批评。无论是学习、工作还是生活，不会永远都有鲜花和掌声。对待班组长、师傅乃至同事的好意提醒和批评，要及时加以改进。有时候善意的语言不一定伴随着好看的表情或者语气，这时就要拥有一颗宽容的心，追求海阔天空的情怀，切忌与老员工顶撞。要怀着团结互助思想，抱着精诚合作的心态，维护团队利益，自然会得到老员工的欣赏和认可。最后，要尊重上司，服从工作安排。只有这样才能得到上司的赏识，得到上司的认可，有时还会提前让你转正。

五、在工作中学习

微软公司一贯倡导员工终生学习的理念。职位意义上的培训只是员工终生学习的一种方法。微软公司的学习理念是：70% 的学习在工作中获得，20% 的学习从经理、同事那里获取，10% 的学习从专业培训中获得。

可见，学习是终生的事情，是员工自发的事情。当你进入一个新企业，一切都是新的，你在学校里学到的知识和技能也许在这家公司不适应，可能一切都要从头再来，所以学习就显得非常有必要。你要时刻保持高昂的学习激情，向书本学习，向实践学习，向同事学习，不断地补充知识，进而提高技能，以适应企业发展，争取获得更多更好的发展机会。

六、勇于进取，接受挑战

中职学生要克服自卑心理，在机会来临的时候要敢于抓住，勇敢地接受挑战，不怕失败，不怕被别人耻笑，敢于做别人没做过的事情，做别人做不好的事情。

机会属于有准备的人，成功唯一的诀窍就是老老实实地提高自己的能力，加强优秀品质的培养，不断提高个人素质。在工作实践中勤于学习，创新理念，言行举止不藏杂念；在企业的生产、经营活动中不掺私心，以正常的心态、十足的信心勇敢地走下去，就一定会在平凡的岗位上做出不平凡的成绩，开创出属于自己的一片新天地。

第二节　自我适应能力的锻炼

要想在众多的求职者中脱颖而出，被企业录用，成为企业的“准员工”，实习期（见习期）就是表明自己实力的最好阶段。

那么，面对从学校学习环境到工作环境的过渡期，如何做出反应和适应，时刻保持高度的自信心，克服自卑心理，使自己很快进入角色，融入企业的团队中，最终享受工作带来的享受与乐趣呢？这就需要进行自我适应能力的锻炼，具体包括以下几方面。

一、自我认知

巴顿说过：“有一种东西比才能更罕见、更优美、更珍奇，那就是自知之明。”

一个人要想成功，首先要熟悉自我，认识自我，建立自我意识，客观地评价自我，对自我准确定位。如果一个人不能正确地认识自我，看不到自己的优点，觉得处处不如别人，就会自卑，丧失信心，做事畏缩不前。相反，如果一个人过高地估计自己，便会骄傲自大，盲目乐观，导致工作失误。因此，恰当地认识自我，实事求是地评价自己，是自我调节和人格完善的重要前提。中职学生不但要看到自身优点，找准专长，而且要明白自己的缺点和弱点。应该做到自尊而不自傲，自强而不逞能，自信而不自负，有针对性地发展自己，注意扬长避短，有意识地培养自己的闪光点，积累自信和发展的资本。

二、心理适应

心理适应能力是企业对合格员工素质的基本要求之一。面对未来复杂多变、竞争激烈的企业环境，只有具备较强适应能力的人才能够获得更充分的生存与发展空间，才能够成为企业所需要的合格人才。

适应的关键是内部心理活动的自我调节。中职学生在企业生产实习过程中，要不断提高适应水平，增强心理适应能力。一是要有较强的分析问题和判断的能力，面临工作环境，要能够尽快了解岗位的要求，明确自己努力的方向；二是要培养自己坚忍不拔、果断的精神和较强的自制力、竞争意识和好胜心；三是要增强自我监控的意识和自我调节的能力，拥有对人对事宽容的态度与豁达的胸怀。

三、身体适应

从中职学生成为劳动者，身体也会有一个适应的过程。每天在固定的时间里，完成规定的劳动任务，就要有一个健康的身体。因此，只有形成健康的生活习惯和生活规律，坚持锻炼身体，增强体质，才能适应高强度、快节奏的工作。

四、让别人了解自己

向别人介绍自己是一门艺术，让别人了解自己，给别人留下良好的第一印象非常重要。成功自我实现的一个重要方面就是把自己介绍给别人。

第一次和新的团队成员见面时，要真诚、大方、自信。在不同的场合、不同的时间、不同的人面前，要有不同的表达和语气。一般而言，都是先问候对方，说“你好”，然后介绍自己的有关情况。

在正式的场合介绍自己时，要全面、准确、恰当，可以适当地介绍自己的经历、毕业学校、所学专业、以往取得的成绩、兴趣和特长、自己的人生理想和奋斗目标。

在非正式场合要主动向对方打招呼，以谦恭热情的态度去对待对方，用自信诚实的目光正视对方的眼睛，给对方留下深刻的印象。介绍自己时，要生动、富有情趣，表现出自己的机智和幽默。了解对方的兴趣、爱好，找出与对方的“共同点”，寻找共同的话题，拉近彼此之间的距离，增进彼此的友谊。

五、快速融入团队

一个人一旦进入企业，就意味着团队生活的开始。所谓团队，是由员工和管理层组成的一个共同体，它合理利用每一个成员的知识和技能协同工作，解决问题，达到共同的目标。所以说，团队就是一个组织，一个集体。

“一支竹篙难渡汪洋海，众人划桨开动大帆船”。每一个团队都有自己的团队精神。所谓团队精神，简单来说就是大局意识、协作精神和服务精神的集中体现。团队精神的基础是尊重个人的兴趣和成就。核心是协同合作，最高境界是全体成员的向心力、凝聚力，反映的是个体利益和整体利益的统一，进而保证组织的高效率运转。一个具有团队精神的团队，能使团队里的每个成员显示出高涨的士气，有利于激发成员工作的主动性，从而形成强烈的集体意识、共同的价值观、团结友爱的精神，团队的每个成员才会自愿地将自己的聪明才智贡献给团队，同时也使自己得到更全面的发展。

【案例 1】　某公司对团队精神的要求

1）当同事需要帮助时，一定要帮忙。

2）如同事的工作需要你接替，一定要心甘情愿。

3）工作中要虚心，乐于接受意见。

4）工作中要善于听取上级意见和建设性的批评。

5）工作中要避免与同事争吵。

6）熟练做好本职工作，使别人很难指责你。

7）多为同事着想，不要伤别人感情。

8）避免搞派系（再大大不过公司，早晚被淘汰）。

要想快速地融入团队，必须找准自己在团队中的定位，对于中职学生来说，最重要的是树立信心，要知道团队中的每个成员都有自己的作用和特长，关键在于团队成员能不能最大限度地开发自己的潜能，扬长避短。既要知道自己的不足，又要发挥自己的特长和优势。

团队精神的形成并不要求团队成员牺牲自我，相反，尽情地挥洒个性、表现特长才能保证成员共同完成任务目标，而明确的协作意愿和协作方式则产生了真正的内心动力。在团队生活中，应减少内耗和无效的竞争，要互相帮助，增强集体观念，形成“我—我们—企业”的整体意识。确定团队共同的目标，互相协助，以共同的发展促进个人的发展。

【案例 2】　麦肯基选择合适的人进入团队

麦肯基曾说，我一向把自己的企业内部人员看成是一个团队，在我的团队里，每一个人都是重要的角色，都是经过多个关口逐渐挑选进来的。我对人员的挑选是非常挑剔的，在招聘的时候我会动用很多的资源来考核应聘人员。因为行业的特殊性，我要考察一个员工的思想、分析能力和人际交往能力。当我观察他们时，我就开始分析他们是否适合我的职位，适合哪一个职位。在我的企业里，人员流动性是很大的，因为一个项目也就是半年左右的时间。

除了这些表面的东西之外，我还观察员工的潜在能力，以及多元化的价值，并把这样的结构应用到我的招聘之中。我觉得一个员工的潜能是他本人重要的能力表现，是我从他身上可以挖掘出多少东西的缺口。另外一个就是个人的经验，创新往往都是在经验之上取得成功的，一个员工如果有丰富的经验，那么他在实际的工作之中就有机会发挥很大的经济价值，从而更好地发挥自己的创造性和主观能动性。同时，我也很重视那些头脑聪明的人，我非常喜欢和他们交往，我觉得只要对他们进行合理的培训之后，他们就会发挥很大的威力。

第三节 企业适应能力的锻炼

企业适应能力是在从学生角色到职业角色的过渡过程中，主动调节自己的行为，以适应企业环境、满足新的角色期望，使自己逐渐达到所从事职业的职业要求且顺利完成职业活动，并能够利用企业环境、创造条件使自己达到较高的职业发展目标的综合能力。

新员工如何在企业长期发展，在很大程度上取决于在最初进入企业的一段时间内的经历和感受，在这个过程中，新员工将逐渐熟悉、适应企业环境和企业文化，明确自身定位，规划职业生涯发展，发挥自己的才能，实现自身价值。因此，企业适应能力十分重要。

一、认真学习员工手册

学生对学生手册都不陌生，它是学习生活的行动指南，涉及学生行为、学籍管理办法、成绩考核与记载、课堂教学秩序、实习、实验规章制度、奖励、违纪处分等，包含了学习生活的方方面面。同样，进入企业的大门，学生得到的第一份礼物就是企业的员工手册。

员工手册是企业根据《中华人民共和国劳动合同法》等相关法律法规，结合企业生产和管理实际制订的。员工手册主要是企业内部的人事制度管理规范，同时又涵盖企业的各个方面，承载着传播企业形象和企业文化功能的作用。它是有效的管理工具、员工的行动指南。不同的企业在员工手册中所提出的一些规则是不同的，内容结构却有一定的共性。员工手册的基本内容如下：企业形象或员工形象、员工管理规程、人事管理规则、员工出勤管理办法、员工教育培训规程、新进员工考选办法、员工建议提案规程。

员工手册能够使作为“准员工”的中职毕业生快速了解公司的历史、文化、运作模式、员工管理政策、日常行为规范等，快速成长为公司的“合格员工”。熟读员工手册可以明确职业操守，知道应该做什么，不能做什么，提倡做什么，反对做什么；了解员工的各项权利和义务，保障自身权益，规范自己的言行举止，更好地融入企业，实现企业与员工个人发展的共同目标。

【案例1】 某公司员工手册目录（节选）

第二章 工资、奖金和津贴 …… 19
第十四条 工资 …… 20
第十五条 加班工资 …… 20
第十六条 工资调整 …… 21
第十七条 工资保密 …… 21
第十八条 奖金 …… 21
*第十九条 出差以及出差待遇 …… 21
第二十条 异地工作待遇 …… 25
第二十一条 海外培训/出差 …… 25

二、了解企业的发展理念和文化理念

企业的发展理念是企业发展的旗帜，是企业发展长远目标和战略决策的核心。每一个企业都有自己独特的企业发展理念和企业文化，都有鲜明的个性特点和独到之处。作为新人，中职学生首先要全面了解企业的发展理念和企业文化，不断适应，调整自己的行为习惯和作为，与之相适应。这样，工作时才会有目标，才能明确自己的责任，强化主人翁意识。工作主动性就会自觉地调动起来，以主人翁的姿态，保质保量地努力完成每一项工作任务。同时，在这个过程中，企业的文化理念也融入到每位员工的思维及行为中，员工也会自觉地多做有利于企业的事，多说有利于企业的话。从另一个角度来说，每位员工的言行举动，所作所为，不仅仅是个人的表现，更是代表了企业的形象，是对企业形象的宣传。

企业文化是指企业在实践中，逐步形成的为全体员工所认同、遵守、带有本企业特色的价值观念、经营准则、经营作风、企业精神、道德规范、发展目标的总和。

每个企业都有着自己独特的企业文化，新员工进入企业后，如果不能全面了解企业文化及其背景，就不能很快地适应和融入企业中去，也就很难融入工作团队。

企业文化像是企业和员工成长的土壤，土壤越肥沃，企业和员工也就成长得越快越健康。因此，新员工接受企业文化，能够充分适应甚至传递企业文化，对企业和员工都是至关重要的。

三、熟悉企业规章制度

进入企业后，首要的任务就是尽快地熟悉企业的各项规章制度，并了解它们的目的。每家企业都有自己的规章制度，不同的企业规章制度会存在很大的差异。学生初到企业，应该尽快了解公司的规章制度，没有人欢迎一进入企业就破坏规矩的人。

企业规章制度是企业管理中各种管理条例、章程、制度、标准、办法、守则等的总称。它用文字形式规定管理活动的内容、程序和方法，是企业员工的行为规范和准则。企业规章制度是为深化企业管理，充分调动发挥公司员工的积极性和创造性，切实维护企业利益和保障员工的合法权益，规范企业全体员工的行为和职业道德，结合《中华人民共和国公司法》和《中华人民共和国劳动法》等相关规定，建立的一套管理制度。

遵守企业规章制度，代表着员工的一份责任心。要想在事业上干出一番成就，首先就应该严格要求自己，不能因为私事而破坏了企业的规章制度。严格遵守规章制度是每位员工的必修课。

四、了解工作环境

作为新员工，首先要了解工作岗位的性质、环境和特点，工作任务，岗位职责，安全要求，发展规划。要知道工作岗位在企业发展过程中所起的重要作用，增强责任感和使命感。

明确岗位的工作要求和在这个岗位上个人所应具备的条件、能力，思考自己的现状与工作要求之间、与目标之间的差距在哪里，还有多远。实现自我目标需要那些能力，如何才能填补这些差距，自己阶段性的目标应该是什么，自己对企业、团队的价值是什么。

强化工作中的团队理念，通过在这个岗位上帮助实现企业、团队目标而最终实现自我的发展通道。

在熟悉工作环境和相关业务的同时，通过各种渠道熟悉企业的各部门及负责相关业务的人员。要知道和谁在一起工作，工作中会和谁接触，出现问题该找谁，各部门的负责人是谁。

【案例 2】 某公司装配钳工的岗位职责

装配钳工应具有初级以上职业资格证书，爱岗敬业，能胜任产品装配工作，其岗位职责如下：

1）在生产设备部主管的领导下，严格遵守“操作规程”，完成每月的生产任务，并对产品的装配质量负责。

2）按照车间开具的“作业工票”上的产品名称、型号、规格，借产品的装配图、专用工具，领出半成品、标准件，并进行清洗，做好装配前准备。

3）严格按照“装配工艺”进行产品的部装、总装，并在规定的位置打上装配者的“钢印”代号。

4）对已装配好的产品，要按规定整齐摆放在标志区内，严禁乱摆、乱放，严禁已加工面着地。

5）对被判为不合格的产品，应及时进行“返工”，严禁将不合格和报废的产品混入合格的成品中。

6）严格遵守“设备管理制度”，“车间现场定置管理、文明生产管理制度”、“安全生产管理制度”，搞好设备维护保养，搞好文明生产、安全生产。

五、企业适应能力自我检查

在企业工作一段时间后，可以及时检查自己的企业适应能力，知道自己的不足，明确努力方向，从而进一步提高自己的素质和能力，朝着更高的目标迈进。具体可以从以下几个方面检查：

1. 思想方面

1）从各方面明显感受到企业文化。

2）很大程度上认可企业的价值观。

3）日常行为能够体现企业的价值观。

2. 心态方面

1）感受到企业对员工的尊重与关怀。

2）已经将自己看成是企业大家庭的一员。

3）已经能够一心一意地为企业工作。

3. 资源方面

1）知道工作中和谁联系。

2）知道遇到困难时如何获得支持与帮助。

3）借助团队力量能很好地完成任务。

4. 能力方面

1）清楚岗位职责与绩效标准。

2）具备必要的技能，能够独立工作。

3）相信自己能够很好地胜任工作。

第四节 职业素养的锻炼

职业素养是指职业内在的规范和要求，是员工在职业过程中表现出来的综合品质，包括

职业道德、职业技能、职业行为、职业作风和职业意识等方面。很多企业界人士认为，职业素养至少包含两个重要因素：敬业精神及工作态度。敬业精神就是在工作中将自己作为公司的一部分，不管做什么工作都要尽力做到最好，发挥出水平，对于一些细小的错误一定要及时地更正。敬业不仅仅是吃苦耐劳，更重要的是“用心”去做好公司分配给自己的每一份工作。工作态度是职业素养的核心，好的态度比如负责的、积极的、自信的、建设性的、欣赏的、乐于助人等，态度是决定成败的关键因素。

一、如何面对领导

遇上一个好的领导，是你职业生涯最大的幸福，他是你的良师益友，不只生活上关心你，工作上帮助你，还是你的学习榜样，他有广阔的胸怀，不怕你超越他。有的领导给别人的可能会比你多，对你很严厉，甚至不近人情。遇上这样的领导，你同样应该站在他的立场上，用他的标准要求自己，像他那样去专注工作，做企业的主人，维护企业的形象，实现自己的职业梦想与远大抱负。

如果你很不幸，在自己喜欢的企业里找到了一份好工作，却遇见了你不喜欢的领导，他自私、狭隘、嫉贤妒能、欺上瞒下、谎话连篇、当面一套背后一套，也许你会选择离开。但是你首先要弄清楚，你是否喜欢这个职业，是否喜欢这个企业，这个企业能否为你提供广阔的发展空间。可能这个企业、这个职位对你很重要，但是你对领导来说却并不一定重要，一走了之未必是最好的选择。最重要的是想好调整方法，踏踏实实地做好本职工作，在自己喜欢的岗位上把工作做到最好，努力学好专业知识，苦练操作技能，成为这个行业的专家里手，到那时再作决定也为时不晚。

如何与领导相处，让我们听听哲人的箴言：大多数人如果在运气、性格和气质等方面被人超过，也许并不太介意，但没有一个人，愿意在智力和能力上被人超过，领导总是想显示自己在一些重要的事情上比下属高明。当你想给领导提出建议时，应该显得好像是在提醒某种被他遗忘的东西，而不是他根本不知道的东西：尽管星星都是光明之子，却不敢在太阳面前炫耀。

二、学会服从

如果说“服从命令是军人的天职”，服从上级的指令就是员工的天职。当然，服从绝不是无原则的言听计从。服从是一种责任和义务，也是一个员工所拥有的角色体现，服从是团队共同的选择。

学会服从，是认清自我的一步，走好这一步，我们会更加明确想要什么和能要到什么。“无条件服从”是沃尔玛集团要求每一位员工都必须奉行的行为准则，强化员工对上司指派的任务都必须无条件地服从，没有服从就没有一切，所谓的创造性、主观能动性等都是在服从的基础上才能够产生的。否则，公司有再好的构想也无法得以推广。那些懂得无条件服从的员工，才能得到企业的认可与重用。

三、掌握沟通的技巧

随着社会分工的日益精细以及受个人能力的限制，单打独斗已经很难完成工作任务，人际间的合作与沟通越来越重要。中职学生应该积极主动参与人际交往，做到诚实守信，以诚待人，同时努力培养团队协作精神，逐步提高自己的人际交往能力。

在人与人相互联系和交往中，切莫忘记两个字：“责任”。你要清楚，自己和同事是因为工作才建立了联系，开始交往。在和同事的联系和交往中，你要对企业负责，对对方负责，对其他的同事负责，对自己负责。

在企业的人际交往中，还要找准自己的位置，学会接受领导的命令，传达领导的指示，准确地报告工作情况，掌握各种场合正确的问候要领，上下班和同事熟练、自然地打招呼。

在现代社会交往中，电话沟通是比较常见的方式，这种方式直截了当，不受空间地域的限制，还可以节约亲自拜访的时间和费用。电话沟通最重要是电话礼仪，应做到正确接听电话，使用规范的电话用语。

【案例】　某公司电话接待规范

1）必须在电话铃声响起三声以内拿起听筒。

2）接听电话时一律使用普通话。

3）接听电话时必须先使用敬语“您好”，接听内线电话时接听标准为“敬语＋所在部门”，如“您好，××车间”；接听外线电话标准为“敬语＋公司名称＋部门”，如“你好，××公司××部”。

4）拿起听筒后不允许使用惯用词语“喂”，应直接使用上述标准敬语格式。

5）接听电话时务必使用“请讲、谢谢、请稍等”等标准礼貌用语，并做好相应的内容记录，对无法掌握的问题应及时上报或通知相关领导，按领导指示做出回答。结束通话时要使用“谢谢、再见”等礼貌用语。

四、工作有目标，行动有计划

“公司安排我做什么，我就做什么。”事事听从安排，必然无法充分发挥自身的创造性和积极性。在同一工作岗位上的人，为什么有的人可以在有限的、同样的时间里做出比别人多的工作呢？很重要的一个原因就是，工作效率高的人，为自己设立了一个切实可行的目标。

在工作中，首先应该明确地了解自己想要什么，然后再去努力追求。一个人如果没有明确的目标，就像船没有罗盘一样。每一份富有成效的工作，都需要明确的目标来指引。缺乏明确目标的人，其工作必将庸庸碌碌。坚定而明确的目标是专注工作的一个重要原则。

个人工作目标的制订依据是企业的总体目标、部门的工作目标、班组的工作目标。一个优秀的员工设立的目标，应该是看得见的，是可能实现的，而不是异想天开。一个不切实际的目标，等于没有目标。如果制订的目标没有办法衡量，就无法判断这个目标是否实现了。还要给目标设立一个期限，才会感受到紧迫和限制，才会监督自身行为，真正检验出自己的努力成果。目标应当具有一定的挑战性，以便提升自己的期望值，从而产生令人奋进的动力；如果目标伸手可得，根本不具有挑战性，那么它对你的行动也就没有鞭策和激励作用了。

计划是目标实现的保证。工作的内容越复杂，越需要计划性，如果像没头苍蝇一样乱转，将一事无成。优秀员工每天进入工作场地的第一件事，应该是快速计划好当天的工作，并立即开始行动。

个人的工作计划，是对部门工作计划的分解和落实。有了工作目标，就要计划去实现。要利用好有限的时间和精力，关键在于工作有良好的计划性。计划需要详细而具体、步骤清晰、时间明确，具体内容包括目标、阶段性目标、截止时间、行动方案、对困难的预想及应对措施。

五、做时间的主人

珍惜时间就是珍惜生命，善用时间就等于掌握了自己的命运。富兰克林说：“时间就是金钱。”

珍惜时间，就要做到合理安排时间，要把最有效率的时间用在可以获得最大回报的事情

上。时间对每一个职场人士都是公平的，每个人都拥有相同的时间，但是在同样的时间内，有人表现平平，有人则取得了卓越的工作业绩。造成这种反差的根源在于每个人对时间的管理与使用效率上的巨大差别。因此，要想在职场中具备不凡的竞争能力，应该先将自己培养成一个时间管理高手。

如果一个月、一周、一天中自己该干什么都不知道，也不清楚究竟有多少项工作、有多大的工作量需要做，只是想到什么就干什么，碰到什么就干什么，工作没有条理性，那么自己的时间、精力肯定得不到极大的利用，而是在不知不觉中浪费掉了。可能该干的事情没有干，不该干的事情却干了；该优先干的事情放到了最后；该重点花时间和精力干的事情却没有足够的时间和精力来干。到头来，自己忙了个头昏脑涨、疲于奔命也没有把事情干好。所以，要想管理好自己的时间，就必须清楚地知道自己的工作计划，这样才能干好自己的工作，也等于深化了自己生命的意义。

六、勇敢地面对挫折

对一个刚参加工作的人来说，进入一个新的职业岗位，融入新的人际环境，面对许许多多新的工作要求和新的面孔，不可能是一帆风顺的。特别是在工作中由于不熟悉业务，或对操作程序缺乏心理准备，如一时的失误就很可能会挫伤自己刚参加工作时的锐气，导致手足无措，觉得自己遭受这种不顺利实在倒霉。

可能面临的困境和遇到的一些问题，有时是多种原因造成的，有自己方面的原因，也有客观方面的原因，只有对这些原因正确和全面的分析与认识，才能正确对待产生的困难。没有一个人在工作中不会遇到困难，关键是自己要能以积极的态度正确对待，想办法克服困难和摆脱困境。

挫折能创造奇迹，挫折过后可能就是成功。积极看待挫折是一个高素质员工必备的心态，企业拥有一群有着坚忍不拔的意志的高素质员工，业绩才能出现奇迹般的增长，才能迅速实现企业的壮大和发展。

一些员工在生活中一旦遭到了挫折，很轻易地就放弃了追求。他们也知道遇到困难，如果坚持下去也许会看到希望，但是屡次遇到挫折，以及对挫折的厌倦使他们认为一切都不可能。于是他们放弃了希望，放弃了努力，转而去从事那些不适合自己、自己也不喜欢的事情，勉勉强强做下去，浑浑噩噩地工作着。这样的人生岂不可惜？这样的员工又怎能成为高素质的员工呢？高素质的员工需要有战胜挫折的信心和魄力，高素质的员工不是唾手可得的。

我们每个人都有可能遇到挫折，但是，千万不要错误地把挫折视为失败，不要错误地认为挫折过后就是失败，认为实现自己的理想“是不可能的”，完成自己的目标“是不可能的”。成功者与失败者的区别仅在于他们是否有不屈不挠和永不服输的品质。对于积极进取的行动者来说，挫折仅仅是暂时的，它们会成为继续奋斗的动力；挫折是从“不可能”到“可能”的跳板；挫折会帮我们实现很多不可能的事情，创造很多奇迹。

第五节　规范作业能力的锻炼

一、企业标准化工作

1. 标准与标准化

标准是对重复性事物和概念所做的统一规定。它以科学、技术和实践经验的综合成果为基础，经有关方面协商一致，由主管机构批准，以特定形式发布，作为共同遵守的准则和依据。

标准是科学、技术和实践经验的总结。为在一定的范围内获得最佳秩序，对实际的或潜在的问题制定共同的和重复使用的规则的活动，即制定、发布及实施标准的过程，称为标准化。早在20世纪70年代，钱学森就提出要加强标准、标准化工作及其科学研究，以应对现代化、国际化的发展环境。通过标准及标准化工作，以及相关技术政策的实施，可以整合和引导社会资源，激活科技要素，推动自主创新与开放创新，加速技术积累、科技进步、成果推广、创新扩散、产业升级，以及经济、社会、环境的全面、协调、可持续发展。

2. 标准的分类

按使用范围划分，标准的类型有国际标准、区域标准、国家标准、行业标准、企业标准；按内容划分，有基础标准（一般包括名词术语、符号、代号等）、产品标准、辅助产品标准（如工具、模具、量具、夹具等）、原材料标准、方法标准（包括工艺要求、过程、要素、工艺说明等）；按成熟程度划分，有法定标准、推荐标准、试行标准、标准草案。

国际标准由国际标准化组织（ISO）理事会审查，ISO理事会接纳国际标准并由中央秘书处颁布；国家标准在中国由国务院标准化行政主管部门制定；行业标准由国务院有关行政主管部门制定；企业生产的产品没有国家标准和行业标准的，应当制定企业标准，作为组织生产的依据，并报有关部门备案。法律对标准的制定另有规定，依照法律的规定执行。制定标准应当有利于合理利用国家资源，推广科学技术成果，提高经济效益，保障安全和人民身体健康，保护消费者的利益，保护环境，有利于产品的通用互换及标准的协调配套等。

3. 工业企业标准化

工业企业标准化是企业管理的组成部分，是企业实现科学管理的基础。做好企业标准化工作，对于稳定和提高产品质量，合理地发展品种、规格，改善经营管理，提高经济效益，都具有重要作用。

标准化工作贯穿企业生产、管理的各方面并关联各部门。因此，企业的各个部门，包括全体职工，应该密切协作，共同做好企业的标准化工作。

技术标准是企业标准的主体，它是对生产对象、生产条件、生产方法以及包装储运等所作的规定。其内容包括：各种产品标准，原材料、半成品标准，零件、部件标准，工艺、工装标准，安全、卫生、环保标准等。

管理标准也是企业标准重要的组成部分。它是对有关生产、技术管理工作、运用标准化原理制定的标准，如原材料、能源消耗定额，设备保养、使用、维修规则，技术文件审核，管理制度、操作规程以及文明生产的规定等。

原则上，企业标准由企业自行组织制定、修订，由企业负责人批准和发布。但如果作为商品交货条件的产品标准超出了该企业范围使用的标准，按省、市、自治区政府规定，应由企业的上级主管部门或标准局审批及发布。

一切正式批量生产的产品，凡是没有国家标准、部颁标准（专业标准）的，都必须制定企业标准。

企业可以制定高于国家标准、部颁标准的内控标准和专用标准。企业标准不得与国家标准和部颁标准相抵触。

为满足出口需要，企业可以直接执行国际标准、国外先进标准，也可以根据用户要求，双方签订供货合同技术协议。

二、标准作业

标准作业是对在作业系统调查分析的基础上，将现行作业方法的每一操作程序和每一动作进行分解，以科学技术、规章制度和实践经验为依据，以安全、质量效益为目标，对作业过程进行改善，从而形成一种优化作业程序，逐步达到安全、准确、高效、省力的作业效果。

创新改善与标准化是企业提升管理水平的两大途径。改善创新是使企业管理水平不断提升的驱动力，而标准化则是防止企业管理水平下滑的制动力。没有标准化，企业不可能维持在较高的管理水平。

标准作业是经验和科学的总结，因此只要按照它进行作业就能有效地防止错误操作。作业标准是安全生产规章制度的具体化。

标准化是管理的标准化和规范化。它使生产经营单位生产过程中的各环节、各要素达到有机、合理的配合，使管理定量化、科学化；它以各种岗位工作标准化为依据，从组织行为角度，确定组织成员必须遵守的行为准则，并用于约束、指导和激励生产经营单位人员的行为。

【案例1】　某电力公司配电线路标准作业流程图（图6-1）

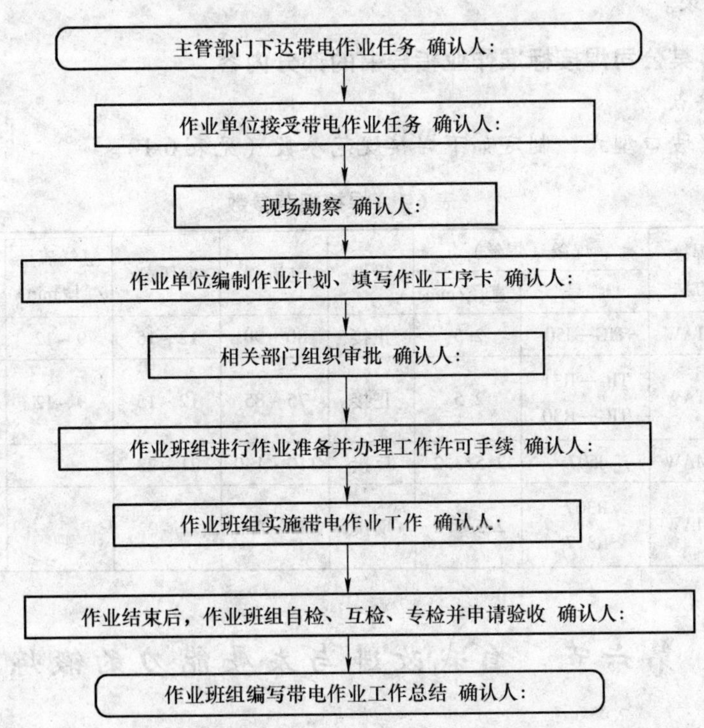

图6-1　某电力公司配电线路标准作业流程图

三、按标准化作业指导书作业

标准化作业指导书是为保证过程的质量而制定的程序，其针对的对象是具体的作业活动，有时也称为工作指导令或操作规范、操作规程、工作指引。标准化作业指导书是作业人员的工作准则，它将作业人员的工作予以说明与规范，以达到作业的一致性与标准化。标准化作业指导书是最基本的也是最重要的程序，不但可以规范生产流程，而且影响着整个企业的运作。

标准化作业指导书的主要内容（以焊接标准作业指导书为例）

1）适用范围。
2）编制依据。
3）工程概况及主要焊接工程量。
4）作业人员资格要求。
5）主要工具、机具要求。
6）施工准备。
7）焊接施工程序。
8）焊缝返修。
9）质量要求。
10）安全和文明施工措施。
11）技术记录。

【案例2】　某公司焊接标准作业指导书的部分内容

7.4　焊接要点

7.4.1　根据坡口型式，制定如下焊接规范参数（见表6-1）。

表6-1　焊接规范参数

焊接层数	焊接道数	焊接方法	焊条（焊丝）		极性	电流/A	电压/V	氩气流量/（L/min）	焊速/（mm/min）	层次厚度/mm
			牌号	直径/mm						
1	1	GTAW	TIG—J50	2.5	正接	80~90	12~15	9~12	100~130	2~3
2	1	GTAW	TIG—R31 TIG—R30	2.5	正接	75~85	12~15	9~12	100~120	2~3
3	1	SMAW	J507	2.5/3.2	反接	110~130	21~23		90~100	2~4
4	1	SMAW	R307 R317	2.5/3.2	反接	75~80	21~22		80~100	2~4

第六节　自我改进与发展能力的锻炼

自我改进与发展能力是指一个人运用所学知识和技能，获取并利用社会资源，从而实现自身价值的能力。

从职业学校毕业到企业实习，从一个准员工成长为优秀的员工，是一个漫长的过程。在这个过程中，学生要学会认知、做事、生存，成长为一个有尊严、有个性、有巨大发展潜

能、能够创造价值也能够实现自身价值的劳动者。

要想达到这样的目标和境界，一是必须要在自己的工作岗位上，获取专业知识，苦练操作技能，客观评价自己，虚心接受他人的评价；二是要从他人和自身发展历程中汲取营养，不断改进修正自己的工作目标和人生目标；三是要不断提高自我发展，开发自己的创造潜能，激发创新精神，不断提高自己的生命质量和生存价值。

一、绩效与绩效评价

绩效是指企业员工在一定时间内对企业目标的贡献水平，是业绩和效率的统称。

绩效评价是指定期考察和评价个人工作业绩的一种正式制度。它通过系统的方法、原理来评定和测量员工在职务上的工作行为和工作成果。

员工工作绩效评价是企业人力资源管理中的一项重要工作内容。首先，绩效评价是晋级和晋升的依据。绩效评价所提供的信息有助于企业判断应当做出何种晋升或工资方面的决策。通过考评，调整主管职位上的各级主管人员，淘汰那些不称职的员工，选拔和聘用那些真正具有才能的员工。同时，通过定期考评，也可了解员工在哪些方面已有提高，在哪些方面还有不足。其次，考评为员工提供了一个机会，使大家能够坐下来对各自的工作行为进行一番品头论足式的讨论。有机会揭示出工作中的那些低效率行为，同时还可以帮助员工强化已有的正确行为。考评是奖励的合理依据，它和奖励制度紧密结合，对有成就的员工进行及时奖励，可以激励员工为企业目标作出更大的贡献。

绩效反馈，就是将绩效评价的结果反馈给被评估对象，并对被评估对象的行为产生影响。绩效反馈是绩效评估工作的最后一环，也是最关键的一环，能否达到绩效评估的预期目的，取决于绩效反馈的实施。

当员工接到了绩效反馈，发现自己的绩效不好时，仅仅知道“我的绩效不够理想”是不够的，重要的是找出原因和改进的方法。这个时候，员工就要主动找到主管领导或者考核主管，请他们帮助分析业绩不佳的原因，并且找到改善的方法。也可以找绩效评价成绩好的员工请教他们，知道为什么他们能够想到、看到、做到，找出差距，制订改进措施和新的工作目标，加倍努力，提高工作业绩。

【案例1】　某企业员工绩效评价表（表6-2）

表6-2　某企业员工绩效评价表

姓名：　　部门：　　岗位：　　评价日期：

评价项目	对评价期间工作成绩的评价要点	评价尺度				
		优	良	中	可	差
勤奋态度	A. 严格遵守工作制度，有效利用工作时间	14	12	10	8	6
	B. 对工作持积极态度	14	12	10	8	6
	C. 忠于职守，坚守岗位	14	12	10	8	6
	D. 以团队精神工作，协助上级，配合同事	14	12	10	8	6
业务工作	A. 正确理解工作内容，制订适当的工作计划	14	12	10	8	6
	B. 不需要上级详细的指示和指导	14	12	10	8	6
	C. 及时与同事及合作者沟通，使工作顺利进行	14	12	10	8	6
	D. 迅速、适当地处理工作中的失败及临时追加任务	14	12	10	8	6

（续）

评价项目	对评价期间工作成绩的评价要点	评价尺度				
		优	良	中	可	差
管理监督	A. 以主人翁精神与同事同心协力努力工作	14	12	10	8	6
	B. 正确认识工作目的，正确处理业务	14	12	10	8	6
	C. 积极努力改善工作方法	14	12	10	8	6
	D. 不打乱工作秩序，不妨碍他人工作	14	12	10	8	6
指导协调	A. 工作速度快，不误工期	14	12	10	8	6
	B. 业务处理得当，经常保持良好成绩	14	12	10	8	6
	C. 工作方法合理，时间和经费的使用十分有效	14	12	10	8	6
	D. 工作中没有半途而废、不了了之和造成后遗症的现象	14	12	10	8	6
工作效果	A. 工作成果达到预期目的或计划要求	14	12	10	8	6
	B. 及时整理工作成果，为以后的工作创造条件	14	12	10	8	6
	C. 工作总结和汇报准确真实	14	12	10	8	6
	D. 工作熟练程度和技能提高能力	14	12	10	8	6

二、6S 管理——现代企业先进管理制度

一个优秀的员工在工作岗位要做到：减少故障，提高品质；减少浪费，节约成本；安全操作，确保健康；士气高昂，促进效率；树立形象，获取信赖；孕育文化，培养素质。现代企业的6S 管理模式，为以上工作目标提供了制度上的保障。

6S 管理是现代工厂行之有效的现场管理理念和方法，其作用是提高效率，保证质量，使工作环境整洁有序，预防为主，保证安全。6S 的本质是一种执行力的企业文化，强调纪律性的文化，不怕困难，想到做到，做到做好，作为基础性的 6S 工作落实，能为其他管理活动提供优质的管理平台。6S 管理的基本内容如下：

（1）整理（SEIRI） 将工作场所的任何物品区分为有必要和没有必要的，除了有必要地留下来，其他的都消除掉。目的：腾出空间，空间活用，防止误用，塑造清爽的工作场所。

（2）整顿（SEITON） 把留下来的必须用的物品按规定位置摆放，放置整齐并加以标志。目的：工作场所一目了然，减少寻找物品的时间，整整齐齐的工作环境，消除过多的积压物品。

（3）清扫（SEISO） 将工作场所内看得见与看不见的地方清扫干净，保持工作场所的环境干净、亮丽。目的：稳定品质，减少工业伤害。

（4）清洁（SEIKETSU） 经常保持环境外在美观的状态。目的：创造明朗现场，维持上面 3S 成果。

（5）素养（SHITSUKE） 每位成员养成良好的习惯，并遵守规则做事，培养积极主动的精神（也称习惯性）。目的：培养有好习惯、遵守规则的员工，营造团队精神。

（6）安全（SECURITY） 重视成员安全教育，每时每刻都有安全第一的观念，防患于未然。目的：建立起安全生产的环境，所有的工作应建立在安全的前提下。

【案例 2】　某企业 6S 标语（图 6-2）

整理：区分物品的用途，清除不要用的东西

整顿：必需品分区放置，明确标志，方便取用

清扫：清除垃圾和脏物，并防止污染的发生

清洁：维持前3S的成果，制度化，规范化

素养：养成良好习惯，提高整体素质

安全：确保安全，关爱生命，以人为本

图 6-2　某企业 6S 标语

三、工作改善

工作改善有助于发挥员工专业知识，提高操作能力，发挥潜能，积极主动，有效利用企业现有劳动力、机器设备及原物料，提高效率和产品质量，达到效益最大化，

工作改善的四个步骤：

（1）第一阶段——工作分解　完全按照现行的工作方法，将工作的全部细目记录下来。搬运作业、机器作业、手工作业均应列为细目。

（2）第二阶段——就每一细目作自问检讨

1）自问事项

①为什么需要这样？

②这样做的目的是什么？

③在什么地方进行最好？

④应该在什么时候做？

⑤什么人做最适合？

⑥用什么方法做最好？

2）对所列事项也应自问检讨：包括材料、机器、设备、工具、设计、配置、动作、安全、环境整理。

（3）第三阶段——如何展开新方法

1）删除不必要的细目。

2）尽量将细目加以合并。

3）重组并优化细目的顺序。

4）简化必要的细目。

5）借助他人意见。

6）将新方法的细目记录下来。

（4）第四阶段——实施新方法

1）使上司了解新方法 。

2）使属下了解新方法。

3）召集主管安全、品质、生产量以及成本等部门，征得他们的同意。

4）将新方法付诸实施，一直用到下一次改善。

5）别人的贡献应予以承认。

四、不断拓展发展能力

一个优秀的员工会不断地对个人能力实施评估，能够清楚客观地认识到自身的业绩水平和优缺点，与其他员工充分沟通，了解企业对员工个人的发展要求，企业目前能提供的支持，以及个人可能的发展方向。结合自己的技能、兴趣爱好、个人性格、知识结构、教育背景、发展意愿等朝企业的需求方向发展，并通过员工个人能力和企业需求切合点进行个性化的职业定位及发展规划。

员工将沿着设计的发展通道历经岗位和层次的变化，为适应变化达到要求，员工必须不断提高自身素质，改善素质结构。由于每个人的学习能力及适应能力的差异，在职业发展过程中，员工要对预先制订的职业生涯目标做出一定程度的缺陷性修补，以形成合理职业规划目标。具体做法是，员工工作一段时间后，由所在部门根据其工作效率、表现、绩效及优缺点提供分析资料，对员工的绩效及能力素质作认真的考核和分析，将其工作表现与公司职位的能力要求进行对比，发现其差距；定期或不定期地对员工进行沟通和指导，引导他们向职业生涯设定的目标发展。

1. 保持工作积极性和创造性

无论是企业组织还是员工个人，如果没有目标就会缺乏动力。职业生涯设计的突出特点就是目标性。员工发展计划对员工个人职业活动中的一系列可能的发展趋势作出设想和规划，指明途径和方法，提供帮助和支持；促使员工自觉地把企业的发展和个人的成功联系起来，为实现目标设想而不断提升能力水平；充分发挥他们的聪明才智，克服职业活动中的各种困难和挫折，始终朝着职业发展计划设计的目标发展。并且，员工发展计划往往针对员工深层次的职业需要和自身特点量身定制，它为员工的未来发展绘制了一幅“独特的蓝图”，其激励作用是强烈而持久的。

2. 增强对工作的把握能力和控制能力

员工发展是建立在员工个人的兴趣、资质和技能的基础上的，员工要了解自身的长处和短处，养成对环境和工作目标进行分析的习惯；员工还要合理计划、分配时间和精力去完成既定工作任务，提高业务技能。

3. 处理好职业生活和非职业生活的关系

员工要从更高的角度看待工作中的各种问题和选择，在服务于职业目标的前提下，把职业生活和非职业生活中的各个要素联系起来综合考虑，正确地处理职业生活同个人追求、家庭目标等非职业生活的关系，使职业生活更加充实和富有成效，有利于职业目标的达成。

4. 努力实现和超越自我价值

员工工作的最初目标可能仅仅是为了生存，实现自己的较低层次的需要，而最高需要是自我发展和自我实现的需要。员工要将个人发展纳入企业发展的轨道，在服务企业推动企业战略目标实现的同时，也能按照明确的职业发展目标，通过参加相应层次的培训，实现个人的发展，获取个人成就。员工通过对职业目标的多次提炼，可以使工作目标超越财富和地位之上，追求更高层次的需求，追求自我价值的实现，追求事业的成就感。

【案例3】　李宁公司的“学习与发展中心”

2004年1月，李宁公司成立了“学习与发展中心（Learning/Development Center，简称LDC)”。公司通过组织上的保障，把“在企业内部快速培养人才”这一中心提到公司的重要位置，来为企业战略实现作后勤保障。

在李宁公司，LDC把自己作为一个组织来看待，LDC的使命是系统地提高公司的核心能力，培育出体育用品行业的国际化专业团队，它将公司全体人员都作为LDC的客户，将为每一位员工提供技能提升和发展的服务作为LDC的主要任务之一。LDC通过五个方面，帮助员工学习：

1）从公司的角度，持续系统提升公司核心能力，支持公司战略目标的实现。

2）从团队的角度，选拔和培养核心人才，培育国际化的经营管理团队。

3）从文化的角度，创建持续创新的组织文化氛围。

4）从员工的角度，持续提升和发展员工能力，不断增值，拓宽职业发展空间。

5）从行业的角度，成为中国体育用品行业管理的标杆，促进行业发展。

【能力训练】

一、填空题

1. 中职学生角色与职业角色的不同在于：前者是受（　　），掌握本领，接受经济供给和资助，逐步完善自己；后者是用自己掌握的本领，通过具体的工作为社会付出，以自己的行为承担责任，并取得相应的（　　）。

2. 一些学生面对企业的实际需要，深感自己的综合素质远远不能（　　）从事的工作，主要是现有的知识技能结构不够充分和合理，书本知识和实际问题相差太远，而且很难将两者有机地结合起来。

3. 人际关系在任何企业、任何时候对一个人的成功都至关（　　）。

二、判断题

1. 心理适应能力是企业对合格员工素质的基本要求之一。（　　）

2. 机会属于有准备的人，成功的唯一诀窍就是老老实实地提高自己的能力和技能。（　　）

三、简答题

1. 简述企业适应能力锻炼的基本途径。

2. 简述企业适应能力自我检查的主要方面。

参考答案

第一章

一、填空题

1. 生产实践。
2. 专业理论运用于生产实践。
3. 工学结合。
4. 学习和工作。
5. 校企合作。
6. 实习成绩。

二、判断题

1. （√）。
2. （√）。
3. （√）。

三、简答题

1. 企业生产实习的意义有如下几点：

1）实现理论联系实际。

2）认识社会及适应社会。

3）体验真实的生产环境。

4）培养良好的责任感。

5）养成严肃认真的工作态度。

6）培养诚实、守时的品质。

7）学习企业文化。

2. 企业生产实习的主体包括学生、企业、学校。
3. 企业生产实习的最大特点是工学结合。

第二章

一、填空题

1. 企业，经济实体。
2. 现代企业。

二、判断题

1. （√）。
2. （√）。

三、简答题

1. 企业进行生产经营的目标是盈利。

2. 现代企业的主要特征有如下几点：

1）拥有投资者投入形成的全部法人财产权，成为享有民事权利，承担民事责任的法人。

2）以其全部财产依法自主经营，自负盈亏，照章纳税，对投资者承担资本保值增值的受托责任。

3）投资者按投入企业资本，享有所有者的权益，并承担相应的责任。

4）按市场和社会需求组织生产经营，保护环境，以提高劳动生产率、企业经济效益和社会效益为目的。

5）建立科学的企业领导体制和组织管理制度，调节所有者、经营者和职工的关系，形成激励和约束相结合的经营管理机制。

第三章

一、填空题

1. 质量。

2. 不，不，不。

3. 生产。

4. 布局。

5. 移动方式。

6. 矿石。

7. 热加工。

8. 冷加工。

二、判断题

1. （√）。

2. （×）。

三、简答题

1. 生产过程的要素结构有三个方面：

1）物流过程。

2）信息流过程。

3）资金流过程。

2. 生产过程的组成有四个方面：

1）生产技术准备过程。

2）基本生产过程。

3）辅助生产过程。

4）生产服务过程。

第四章

一、填空题

1. 安全，负责人。

2. 安全。

3. 事故。

4. 预防。

5. 持证。

6. 持证。

7. 有人。

8. 进入。

二、判断题

1. (√)。

2. (√)。

3. (×)。

三、简答题

1. 国家颁布施行的有关安全生产的主要法规有:《中华人民共和国安全生产法》、《中华人民共和国矿山安全法》、《中华人民共和国劳动法》和《中华人民共和国职业病防治法》。

2. 造成安全生产事故的主要原因有:

1) 安全生产意识淡薄。

2) 未经培训上岗。

3) 违反安全生产规章制度。

4) 违反劳动纪律。

5. 违反安全操作规程。

第五章

一、填空题

1. 职业,工作。

2. 道德。

3. 行为规范。

4. 职业道德行为规范。

5. 爱岗敬业,忠于职守,刻苦学习,提高技能,勇于竞争,开拓创新,艰苦奋斗,勤俭节约,遵纪守法,廉洁奉公,热诚服务。

6. 精神。

7. 职业精神。

8. 能力。

9. 专业能力。

二、判断题

1. (√)。

2. (√)。

3. (×)。

三、简答题

1. 职业道德行为养成的主要途径是:

1) 加强理论学习。

2）在日常生活中培养。

3）在专业学习中练习。

4）在社会实践中体验。

5）在职业活动中强化。

2. 专业能力主要包括如下三方面内容：

1）合理的知识结构。

2）过硬的操作技能。

3）分析和解决问题的能力。

第六章

一、填空题

1. 教育，报酬。

2. 胜任。

3. 重要。

二、判断题

1.（√）。

2.（√）。

三、简答题

1. 企业适应能力锻炼的基本途径是：

1）认真学习员工手册。

2）了解企业的发展理念和文化理念。

3）熟悉企业规章制度。

4）了解工作环境。

2. 企业适应能力自我检查的主要方面有：

1）思想方面。

2）心态方面。

3）资源方面。

4）能力方面。

附　录

附录 A 《中华人民共和国劳动法》摘录

第六章　劳动安全卫生

第五十二条　【用人单位职责】用人单位必须建立、健全劳动安全卫生制度，严格执行国家劳动安全卫生规程和标准，对劳动者进行劳动安全卫生教育，防止劳动过程中的事故，减少职业危害。

第五十三条　【劳动安全卫生设施标准】劳动安全卫生设施必须符合国家规定的标准。新建、改建、扩建工程的劳动安全卫生设施必须与主体工程同时设计、同时施工、同时投入生产和使用。

第五十四条　【劳动者劳动安全防护及健康保护】用人单位必须为劳动者提供符合国家规定的劳动安全卫生条件和必要的劳动防护用品，对从事有职业危害作业的劳动者应当定期进行健康检查。

第五十五条　【特种作业资格】从事特种作业的劳动者必须经过专门培训并取得特种作业资格。

第五十六条　【劳动过程安全防护】劳动者在劳动过程中必须严格遵守安全操作规程。劳动者对用人单位管理人员违章指挥、强令冒险作业，有权拒绝执行；对危害生命安全和身体健康的行为，有权提出批评、检举和控告。

第七章　女职工和未成年工特殊保护

第五十八条　【女职工和未成年工特殊劳动保护】国家对女职工和未成年工实行特殊劳动保护。未成年工是指年满十六周岁未满十八周岁的劳动者。

第五十九条　【劳动强度限制】禁止安排女职工从事矿山井下、国家规定的第四级体力劳动强度的劳动和其他禁忌从事的劳动。

第六十条　【经期劳动强度限制】不得安排女职工在经期从事高处、低温、冷水作业和国家规定的第三级体力劳动强度的劳动。

第六十一条　【孕期劳动强度限制】不得安排女职工在怀孕期间从事国家规定的第三级体力劳动强度的劳动和孕期禁忌从事的活动。对怀孕七个月以上的女职工，不得安排其延长工作时间和夜班劳动。

附录 B 《中华人民共和国职业病防治法》摘录

第三条　职业病防治工作坚持预防为主、防治结合的方针，实行分类管理、综合治理。

第四条　劳动者依法享有职业卫生保护的权利。

用人单位应当为劳动者创造符合国家职业卫生标准和卫生要求的工作环境和条件，并采取措施保障劳动者获得职业卫生保护。

第五条　用人单位应当建立、健全职业病防治责任制，加强对职业病防治的管理，提高职业病防治水平，对本单位产生的职业病危害承担责任。

第六条　用人单位必须依法参加工伤社会保险。

国务院和县级以上地方人民政府劳动保障行政部门应当加强对工伤社会保险的监督管理，确保劳动者依法享受工伤社会保险待遇。

第十三条　产生职业病危害的用人单位的设立除应当符合法律、行政法规规定的设立条件外，其工作场所还应当符合下列职业卫生要求：

（一）职业病危害因素的强度或者浓度符合国家职业卫生标准；

（二）有与职业病危害防护相适应的设施；

（三）生产布局合理，符合有害与无害作业分开的原则；

（四）有配套的更衣间、洗浴间、孕妇休息间等卫生设施；

（五）设备、工具、用具等设施符合保护劳动者生理、心理健康的要求；

（六）法律、行政法规和国务院卫生行政部门关于保护劳动者健康的其他要求。

附录 C　《中华人民共和国安全生产法》摘录

第三条　安全生产管理，坚持安全第一、预防为主的方针。

第四条　生产经营单位必须遵守本法和其他有关安全生产的法律、法规，加强安全生产管理，建立、健全安全生产责任制度，完善安全生产条件，确保安全生产。

第六条　生产经营单位的从业人员有依法获得安全生产保障的权利，并应当依法履行安全生产方面的义务。

第四十四条　生产经营单位与从业人员订立的劳动合同，应当载明有关保障从业人员劳动安全、防止职业危害的事项，以及依法为从业人员办理工伤社会保险的事项。

生产经营单位不得以任何形式与从业人员订立协议，免除或者减轻其对从业人员因生产安全事故伤亡依法应承担的责任。

第四十五条　生产经营单位的从业人员有权了解其作业场所和工作岗位存在的危险因素、防范措施及事故应急措施，有权对本单位的安全生产工作提出建议。

第四十六条　从业人员有权对本单位安全生产工作中存在的问题提出批评、检举、控告；有权拒绝违章指挥和强令冒险作业。

生产经营单位不得因从业人员对本单位安全生产工作提出批评、检举、控告或者拒绝违章指挥、强令冒险作业而降低其工资、福利等待遇或者解除与其订立的劳动合同。

第四十七条　从业人员发现直接危及人身安全的紧急情况时，有权停止作业或者在采取可能的应急措施后撤离作业场所。

生产经营单位不得因从业人员在前款紧急情况下停止作业或者采取紧急撤离措施而降低其工资、福利等待遇或者解除与其订立的劳动合同。

第四十八条　因生产安全事故受到损害的从业人员，除依法享有工伤社会保险外，依照有关民事法律尚有获得赔偿的权利的，有权向本单位提出赔偿要求。

第四十九条　从业人员在作业过程中，应当严格遵守本单位的安全生产规章制度和操作规程，服从管理，正确佩戴和使用劳动防护用品。

第五十条　从业人员应当接受安全生产教育和培训，掌握本职工作所需的安全生产知识，提高安全生产技能，增强事故预防和应急处理能力。

第五十一条　从业人员发现事故隐患或者其他不安全因素，应当立即向现场安全生产管理人员或者本单位负责人报告；接到报告的人员应当及时予以处理。

附录 D　《安全标志及其使用导则》（摘自 GB 2894—2008）

1. 禁止标志

禁止吸烟 　禁止烟火 　禁止带火种 　禁止用水灭火

禁止放易燃物 　禁止启动 　禁止合闸 　禁止转动

禁止触摸 　禁止入内 　禁止停留 　禁止通行

禁止靠近 　禁止乘人 　禁止堆放 　禁止跨越

禁止攀登 　禁止跳下

2. 警告标志

注意安全	当心火灾	当心落物	当心坠落

当心爆炸	当心腐蚀	当心中毒	当心感染

当心伤手	当心扎脚	当心吊物	当心触电

当心电缆	当心机械伤人	当心坑洞	当心烫伤

当心激光	当心塌方	当心冒顶	

3. 指令标志

必须戴防护眼镜	必须戴防毒面具	必须戴防尘口罩	必须戴护耳器

必须戴安全帽

必须戴防护帽

必须戴防护手套

必须穿防护鞋

必须系安全带

必须穿救生衣

必须穿防护服

必须加锁

4. 提示标志

紧急出口

紧急出口

可动火区

避险处

参考文献

[1] 张福珍，王义智．应用职业技术教育学［M］．天津：南开大学出版社，1991.
[2] 张传义，董新伟．职业教育的理论与实践［M］．大连：大连出版社，1999.
[3] 张传义，李婉琳，H 基尔．职业教育教师手册［M］．沈阳：辽海出版社，1998.

读者信息反馈表

感谢您购买《企业生产实习指导》一书。为了更好地为您服务，有针对性地为您提供图书信息，方便您选购合适图书，我们希望了解您的需求和对我们教材的意见和建议，愿这小小的表格为我们架起一座沟通的桥梁。

<table>
<tr><td>姓　名</td><td></td><td colspan="2">所在单位名称</td><td colspan="2"></td></tr>
<tr><td>性　别</td><td></td><td colspan="2">所从事工作（或专业）</td><td colspan="2"></td></tr>
<tr><td>电子邮件</td><td colspan="3"></td><td>移动电话</td><td></td></tr>
<tr><td>办公电话</td><td colspan="3"></td><td>邮政编码</td><td></td></tr>
<tr><td>通信地址</td><td colspan="5"></td></tr>
<tr><td colspan="6">1. 您选择图书时主要考虑的因素（在相应项前面打“✓”）
（　　）出版社（　　）内容（　　）价格（　　）封面设计（　　）其他
2. 您选择我们图书的途径（在相应项前面打“✓”）
（　　）书目　（　　）书店（　　）网站（　　）朋友推介（　　）其他</td></tr>
<tr><td colspan="6">希望我们与您经常保持联系的方式：
□ 电子邮件信息　□ 定期邮寄书目
□ 通过编辑联络　□ 定期电话咨询</td></tr>
<tr><td colspan="6">您关注（或需要）哪些类图书和教材：</td></tr>
<tr><td colspan="6">您对我社图书出版有哪些意见和建议（可从内容、质量、设计、需求等方面谈）：</td></tr>
<tr><td colspan="6">您今后是否准备出版相应的教材、图书或专著（请写出出版的专业方向、准备出版的时间、出版社的选择等）：</td></tr>
</table>

非常感谢您能抽出宝贵的时间完成这张调查表的填写并回寄给我们，我们愿以真诚的服务回报您对我社的关心和支持。

请联系我们——

通信地址　北京市西城区百万庄大街 22 号　机械工业出版社技能教育分社

邮政编码　100037

社长电话　（010）8837-9083　8837-9080　6832-9397（带传真）

电子邮件　cmpjjj@ vip. 163. com